Périscope

3

Richard Marsden
David Forth

Consultants:
Ian Maun
Martina Esser
Sue Crooks
Iain Mitchell

ICT contributor:
Anne Looney

JOHN MURRAY

Photo acknowledgements

Cover David R. Stoeckline/Corbis; **p.2** John Townson/Creation; **p.3** Trip Photos; **p.4** Corbis; **p.6** *l* Animal Photography, *r* Animal Photography; **p.7** *l* Trip Photos, *r* Corbis; **p.10** Trip Photos; **p.14** Keith Gibson; **p.24** Trip Photos; **p.25** Aspect Picture Library; **p.29** *tl* Trip Photos, *tr* Keith Gibson, *bl* Keith Gibson, *br* Trip Photos; **p.32** *l* Trip Photos, *r* Trip Photos; **p.33** Trip Photos; **p.34** Trip Photos; **p.39** *l* Science Photo Library, *r* Science Photo Library; **p.41** *l* Rex Features, *c* John Townson/Creation, *r* Trip Photos; **p.43** Trip Photos; **p.49** *l* Trip Photos, *c* Trip Photos, *r* Trip Photos; **p.51** Trip Photos; **p.53** Brian Walker; **p.57** *l* Keith Gibson, *c* Keith Gibson, *r* Keith Gibson; **p.58** Popperfoto; **p.59** Trip Photos; **p.60** Trip Photos; **p.67** Agence France Presse; **p.68** Hutchison Library; **p.69** *all* Keith Gibson; **p.77** Keith Gibson; **p.79** Press Association; **p.81** Trip Photos; **p.82** Alamy; **p.83** Corbis; **p.85** Rex Features; **p.87** Rex Features; **p.93** Associated Press; **p.94** Rex Features; **p.97** Trip Photos; **p.107** Corbis.

Text acknowledgements

The authors and publishers would like to thank the following for permission to reproduce copyright material: **p.53** *l'homme fusée* © DR/*Science et Vie Junior*; *Dans l'espace, on ronfle moins fort* © Remi Malingrey/*Science et Vie Junior*; **p.93** © DR/*Science et Vie Junior*.

First published 2003
by John Murray (Publishers) Ltd, a member of the Hodder Headline Group, 338 Euston Road, London NW1 3BH

Layouts by Liz Rowe
Illustrations by Jon Davis/Linden Artists, Richard Duszczak, Oxford Designers and Illustrators, Sarah Wimperis.
Typeset in 10/12 Frutiger by Wearset Ltd, Boldon, Tyne and Wear
Printed and bound in Spain by Bookprint, S.L., Barcelona

A CIP catalogue record for this book is available from the British Library.

ISBN 0 7195 7823 X
Teacher's Guide 0 7195 7824 8
Teacher's Repromaster Book 0 7195 7825 6
Audio on cassette 0 7195 7845 0
Audio on CD 0 7195 7846 9
CD-ROM 0 7195 8043 9 (single) 0 7195 8154 0 (x3: site licence pack)

Contents

Welcome to students using *Périscope 3*!

Aims of *Périscope 3*
The main aims of *Périscope 3* are:
- to make your study of French **interesting**
- to improve your **understanding** of how French works
- to enable you to **enjoy** using French.

Finding your way around the book
There are 18 units in total. They work in groups of three. In each group, two **'teaching and learning'** units introduce you to new language, and then the third one (called *Ça va!*) is always two pages of fun activities using the language you have learned.

How do the learning units work?
- Each one starts with a list of what you will be learning; the list also tells you what you will be revising in that unit.
- **New grammar points** are always explained in English in a box.

GRAMMAR

All French nouns belong to one of two groups – masculine or feminine.

- The boxes called **It sounds like this** are to help your pronunciation.

It sounds like this

Listen carefully to these letters; they may not sound as you expect. Practise saying them.
a, e, g, h, i, j, k, r, y

- The teaching and learning units include the following regular features:

Page voyage: information about different destinations in France and abroad;

Les vacances d'Alain et de Bernard: one episode in each unit presents the story of an eventful holiday;

Une journée dans la vie de . . . an insight into the lives of people with various occupations and interests.

Looking up words and grammar rules
After the last unit there is a **Grammar summary** and at the very end of the book is a French–English and English–French **Vocabulary** list. You will also be learning to use a dictionary, because this vocabulary list is not enough on its own.

- There are also **Tips** which give practical advice to help you do well in a task.

TIP

Lots of French words look like English, but they're always pronounced differently, as you will find in exercise 2.

Plans et préférences

Skills and grammar in this unit
- using time adverbs to say when and how often you do something
- stating distances

Pronunciation: verb endings; é and è; words ending *ent*

Topics
- life in a French village
- shops
- holiday accommodation
- pets
- Nova Scotia, Canada

Revision
- referring to days, weeks, months, seasons, the weather
- present tense of *-er* verbs
- changing accents in present tense of verbs, e.g. *acheter*

Les vacances d'Alain et de Bernard: Épisode 1

Alain et Bernard habitent à Lille mais ils aiment les vacances au soleil. Ils parlent de leurs projets de vacances. Alain désire louer un gîte près de la Méditerranée.

Qu'est-ce que tu désires faire pendant les vacances?

Très bien! Regardons les brochures.

Un gîte, je pense.

Je voudrais passer deux semaines au mois d'août dans un petit village dans le sud de la France.

Oui, d'accord. Il fait toujours beau là-bas. Moi, j'adore la Provence. Et toi, tu préfères louer un gîte ou faire du camping?

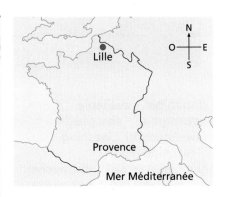

leurs projets their plans
gîte (m) holiday home
là-bas down there
louer to rent

It sounds like this

The endings for *je, tu, il / elle, ils / elles* of regular *-er* verbs all sound the same, even though they have different endings:
je, il / elle: 'e'
tu: 'es'
ils / elles: 'ent'

Listen again to the dialogue between Alain and Bernard. How many verbs are **not infinitives**? What can you hear of the endings?
Now listen and practise saying the following:
parle, trouvent, préfères, visite, aiment, manges, habitent.
Now try this sentence:
Ils aiment la boulangerie où elle achète le pain que je préfère.

1  Écoutez et lisez la conversation d'Alain et Bernard. Ces phrases sont fausses. Remplacez les mots **en gras** pour les corriger.
1 Alain habite à **Lyon**.
2 Alain et Bernard **détestent** le soleil.
3 Ils parlent **du travail**.
4 Les vacances sont au mois **de juillet**.
5 Ils décident de regarder **le journal**.

Si vous aimez le calme et la beauté de la campagne, louez ma maison dans le joli village de Paressac.

- La maison est disponible pour tout le mois d'août.
- Il y a de la place pour six personnes.
- La cuisine est complètement aménagée (lave-linge, lave-vaisselle, micro-ondes).
- La maison est à cinq minutes du village à pied.
- Il y a une belle piscine.
- Supermarché à 6 kilomètres.

Si vous désirez d'autres renseignements, téléphonez au 00 33 6 81 62 23 44.

disponible available
aménagé(e) equipped
lave-linge (m) washing machine
lave-vaisselle (m) dishwasher
micro-ondes (m) microwave
renseignements (mpl) information

2
Lisez la publicité et écoutez. Comment dit-on en français?
1 If you like peace and beauty
2 Rent my house.
3 Available for the whole of August.
4 The kitchen is fully equipped.
5 Five minutes' walk from the village.
6 Supermarket six kilometres away.

3
Travaillez avec un(e) partenaire.
A: Vous êtes un/une touriste. Regardez les dessins et posez des questions.
B: Vous êtes le/la propriétaire de la maison. Donnez les réponses.
Exemple:

A Il y a un supermarché près du village?

B Le supermarché est à six kilomètres.

Lac – location de canoës, pêche. 20 kilomètres

Supermarché Leclerc 6 kilomètres

Forêt de Paressac 10 kilomètres

Station-service 5 kilomètres

Aéroport 35 kilomètres

Pour vous aider

Il y a un/une . . . près du village?
Et est-ce que le gîte est près du . . ./de la . . ./de l' . . . ?

4

Liez les deux parties du verbe.

Exemple: **1**   *Je préfère*

1	Je préfèr	e
2	Nous arriv	ent
3	Ils détest	ez
4	Tu parl	es
5	Vous achet	ons
6	Elle aim	e
7	Il mang	ent
8	On trouv	e
9	Les vampires arriv	ent
10	Elles préfèr	e

5

Mme Pruneau habite au centre du village de Paressac. Écoutez et lisez sa description du village. Choisissez la forme correcte des verbes.

Exemple: **1**   adore

> Le village de Paressac est calme et joli. J'[**1** adorer] mon village. J'[**2** habiter] près du centre. Environ deux cents personnes [**3** habiter] ici mais beaucoup de touristes [**4** arriver] en été. Les touristes [**5** aimer] le village aussi. Ici on [**6** se relaxer], on [**7** se promener], il n'y a pas de stress, quoi! Quand vous [**8** arriver] au centre du village vous [**9** aller] voir la belle église. Il n'y a pas beaucoup de magasins mais les marchands [**10** passer] régulièrement.

marchands (mpl)   tradesmen

presque   almost
se débrouiller   to manage
sauf   except
boulanger (m)   baker
boucher (m)   butcher
poissonnier (m)   fishmonger
tranquille   quiet

GRAMMAR

Watch out for the changing accent in *acheter*. Remember that it has a grave accent è if the ending is 'e', 'es', 'ent'.
J'achète
Tu achètes

The verbs *se lever* and *(se) promener* follow the same pattern:
Je me lève à 7h30 et je promène le chien à 8h.

The verb *préférer* works in the same way but there are more accents to think about! There are two acute accents, **except** for endings 'e', 'es', 'ent', when the second 'é' changes to 'è':
je préfère
tu préfères
il / elle / on préfère
nous préférons
vous préférez
ils / elles préfèrent

It sounds like this

Accents make a difference to the way a word is pronounced. Listen, and practise these:
je me lève, vous vous levez, tu préfères, nous préférons, ils se promènent, nous nous promenons.
Marianne et Henri préfèrent les voitures françaises. Ils achètent toujours une Renault.

tard   late
boisson (f)   drink
chaud(e)   hot, warm
seul   alone
rencontrer   to meet
oiseaux (mpl)   birds
attraper   to catch

6

Écoutez l'interview avec Mme Pruneau. Choisissez les mots corrects pour compléter les phrases.
1 Presque tous les magasins du village sont **ouverts/fermés**.
2 Le boulanger passe tous les jours sauf le **lundi/mardi**.
3 Le boucher passe deux fois **par jour/par semaine**.
4 Le poissonnier passe tous les **vendredis/samedis**.
5 Il faut aller en ville pour aller à **la banque/l'église**.

7

Écoutez l'interview encore une fois. Liez les phrases et les images.
Exemple: **1   e**

1 Il arrive deux fois par semaine.
2 Il arrive tous les jours sauf le lundi.
3 Il arrive le vendredi.
4 Il faut aller en ville.
5 Il n'y a pas de pain frais aujourd'hui.

8

Lisez les descriptions. C'est qui?

a
Moi, j'aime dormir dans une chambre noire. Je déteste la lumière. Je passe la journée à la maison et je préfère sortir très tard la nuit. Je ne mange pas beaucoup. Ce que j'aime, c'est boire! Je préfère une boisson chaude et rouge!

b
Je sors tous les jours, mais je ne peux pas sortir seul. J'aime beaucoup les promenades et je préfère aller au jardin public ou à la campagne parce que je rencontre souvent mes amis.

c
Moi, je préfère rester à la maison. Quelquefois je sors dans le jardin, s'il fait beau. Je regarde les oiseaux et je chasse les souris mais je ne les attrape pas.

9

Écrivez les phrases complètes en français.
Choisissez l'expression correcte.
Exemple: **1**   Ils arrivent tous les jours.

1 Ils arrivent **tous les jours/deux fois par semaine**.

2 Je mange **souvent/rarement** du pain.

Je mange du pain avec tous mes repas.

3 Ils ne passent pas **le lundi/le samedi**.

4 Je sors avec mes copains **tous les jours/trois fois par semaine**.

5 Il fait ses devoirs **le matin/le soir**.

Je fais mes devoirs après le dîner.

10

Travaillez avec un(e) partenaire. Parlez de vos routines.
A pose les questions 1–3.
B pose les questions 4–6.
Si vous voulez, utilisez les mots dans la case.
Exemple: **B**   Non, je vais à l'école cinq fois par semaine.

1 Tu vas à l'école tous les jours?   Non, je vais . . .

2 Tu vas en ville tous les jours?   Non, je vais . . .

3 Quand est-ce que tu fais tes devoirs?   Je fais . . .

4 Combien de fois par semaine est-ce que tu sors avec tes copains?   Je sors . . .

5 Tu manges souvent du pain?   Oui/Non, je mange du pain . . .

6 Tu vas au cinéma tous les jours?   Non, je vais . . .

GRAMMAR

Here are some useful adverbs of time:
souvent   often
rarement   rarely
tous les jours   every day
toujours   always
maintenant   now
le mardi   on Tuesdays
deux fois par mois   twice a month
une fois par semaine   once a week
le matin   in the morning

It sounds like this

The 'ent' at the end of *souvent* must be pronounced (as in *parent* and other words), because it is not the same as the 'ent' ending of a verb.

Practise saying these sentences, then check your pronunciation against the recording:
Mes parents parlent souvent avec le président.
Les adolescents se brossent rarement les dents.

fois mois jour semaine tous
week-end matin soir lundi
mardi mercredi jeudi
vendredi samedi dimanche

Une journée dans la vie *d'un chien*

❝ Je m'appelle Rollo. Je suis beau, non?

J'habite avec une famille française. C'est super, car ils m'adorent.

Souvent on me laisse seul et j'assure la protection de la maison. C'est une responsabilité énorme!

Je me promène à la campagne tous les jours. J'accompagne mon maître pour lui donner de l'exercice. Il adore jeter un ballon. Moi, je rapporte le ballon parce que je suis gentil et mon maître, il n'est pas sportif!

Je mange de la viande et des biscuits le matin et le soir mais je suis fort et mince.

Deux fois par semaine, mon meilleur copain arrive me voir. C'est un petit caniche qui s'appelle Zozo. Il est moins intelligent que moi, mais il est gentil. Le problème, c'est qu'il mange beaucoup – il est un peu gros. Sa maîtresse lui donne des bonbons!

Aussi, il déteste les enfants – moi, j'adore! ❞

---

11 🎧 📖 ✏️   Copiez et complétez la description de la vie de Rollo. Utilisez les mots dans la case.

Rollo est un **1** . . . . . qui **2** . . . . . avec une famille française. Souvent la famille sort et Rollo **3** . . . . . chez lui – il **4** . . . . . la maison.
Il **5** . . . . . de la viande et des biscuits.
Il se promène avec son **6** . . . . . . Il a un ami qui vient le voir **7** . . . . . fois par **8** . . . . . . Il est **9** . . . . . très content.

12 📖   Lisez les phrases. Qui parle: Rollo ou Zozo?

1 ⟨ Mon ami est très intelligent! ⟩

2 ⟨ Mon ami est un peu stupide. ⟩

3 ⟨ Mon ami mange trop. ⟩

4 ⟨ Mon ami n'aime pas les enfants. ⟩

5 ⟨ Mon ami est sportif. ⟩

6 ⟨ Mon ami mange beaucoup de bonbons. ⟩

maître (m)   master
mince   thin
caniche (m)   poodle
laisser   to leave

> chien habite maître mange protège reste
> semaine deux toujours

13 ✏️   Imaginez que vous êtes Rollo. Décrivez votre week-end.

Pour vous aider

*Vendredi soir, je . . .   Samedi matin, je . . .
Samedi après-midi, je . . .   Samedi soir, je . . .
Dimanche, . . .*

14 💬   Travaillez avec un(e) partenaire.
A est le maître/la maîtresse de Rollo.
B est le maître/la maîtresse de Zozo.
Comparez vos chiens!

Page voyage

NOVA SCOTIA
NOUVELLE-ÉCOSSE
CANADA

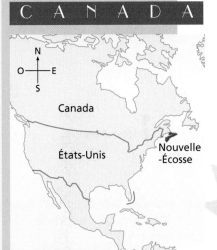

Canada

États-Unis

Nouvelle
-Écosse

Venez chez nous!

Respirez l'air frais et admirez la beauté de la Nouvelle-Écosse. Quelques détails en bref:

- 7000 kilomètres de côte.
- Air pur.
- Plages de sable.
- Routes panoramiques.
- Culture riche et variée.
- Festivals.
- Climat doux.

La Nouvelle-Écosse est située entre les 44e et 47e parallèles (comme Bordeaux, Lyon et Genève). L'été, la température est de 20 à 25°C. Au printemps et en automne, les températures sont habituellement environ de 10°C de moins. En hiver, il fait froid. L'anglais est la langue la plus utilisée mais dans beaucoup d'endroits, on parle français aussi.

15
Read and listen to the text about Nova Scotia, then answer these questions in English.
1 What is the length of Nova Scotia's coastline?
2 What are the beaches like?
3 What is the climate like generally?
4 What are the usual temperatures in spring?
5 What is the connection between Nova Scotia, Lyon and Bordeaux?

respirer   to breathe
frais   cool
côte (f)   coast(line)
sable (m)   sand
varié   varied
climat (m)   climate/weather
doux   mild
parallèles (mpl)   lines of latitude
beaucoup d'endroits   lots of places

Test

Use this test to check what you have learnt in this unit.

1 Qu'est-ce que c'est? **[5]**
  a Une maison qu'on peut louer pour les vacances.
    TEGÎ
  b La Nouvelle-Écosse est au . . .
    AANCAD
  c Il vend le pain.
    ABUOLRENG
  d On nage dans la . . .
    ISEIPNC
  e Le contraire de 'souvent'.
    ETNRRAME

2 Complétez et traduisez en anglais. **[5]**
  a Il parl. . . français.
  b Nous aim. . . la Provence.
  c Ils détest. . . les hamburgers.
  d Je mang. . . une pomme.
  e Elle regard. . . les brochures.

3 Écrivez l'expression correcte pour représenter les chiffres **en gras**. Par exemple: 6/7 représente 'six jours par semaine'. **[4]**
  a Mes parents me permettent de sortir **1/7**.
  b Moi, je voudrais sortir **3/7**.
  c J'envoie des e-mails à mon amie **2/7**.
  d On parle au téléphone **7/7**.

4 Choisissez l'adverbe approprié. **[6]**
  a Les boas mangent **tout le temps/rarement**, les chiens mangent **rarement/souvent** et les vaches mangent **tout le temps/rarement**.
  b En Antarctique, il fait **toujours/rarement** froid, il neige **tout le temps/souvent**, mais il fait beau **quelquefois/tous les jours**.

5 Masculin ou féminin? Si vous ne savez pas, cherchez le mot dans l'unité. **[10]**
Rappel: un/le = masculin; une/la = féminin.
Exemple: **le** gîte, **la** beauté

gîte beauté soleil
boulangerie micro-ondes
poissonnier église pain
journal famille lundi mois

Total points: 30

Renseignements, décisions

Skills and grammar in this unit
- *depuis* + present tense to say how long you have been doing something
- ways to say 'goodbye'
- the names of countries

Pronunciation: *ain, in, aim, aine*; silent *s* at the end of words; country names

Topics:
- going on holiday to Brittany
- leisure facilities
- communications
- eating out
- going to the cinema
- work
- the life of a worker in a hypermarket

Revision
- adjective agreement
- using *à* and *en* with places
- asking questions with *est-ce que*, *qu'est-ce que*
- regular *-ir* and *-re* verbs in the present tense
- common irregular verbs *faire*, *dire*, *boire* in the present tense

GRAMMAR

There is a group of regular verbs known as **-re** verbs. The most common verbs in this group are:

*attendre: Où est-ce que tu **attends**?*
*vendre: Ils **vendent** des livres.*
*répondre: Elle ne **répond** pas.*
*entendre: Nous **entendons** le téléphone.*

1 Lisez les phrases. C'est quel dessin?
1 Nous attendons le prochain train.
2 Elle répond à ses e-mails.
3 Il vend des voitures.
4 Elles vendent des gâteaux délicieux.

2 Écoutez et complétez ces messages téléphoniques sur le portable de Pierre. Utilisez les mots dans la case.
1 «Ah, Pierre, tu ne r..... pas? C'est maman! Je vais te rappeler ce soir. À bientôt!»
2 «Pierre, salut, c'est Michelle! Écoute, nous a..... le bus, il arrive dans dix minutes. Nous arrivons à 10 heures, OK? À tout à l'heure!»
3 «Allô, Pierre! C'est Dominique. Tu sais, tu aimes bien mon VTT, non? Eh bien, je le v.....! Si ça t'intéresse, appelle-moi! Salut!»
4 «Allô, Pierre! Ça va? Allô? Allô? Je suis dans le train, je n'e..... pas bien. Oh zut!»
5 «Pierre, c'est Madeleine. Je ne c..... pas, je t'appelle mais tu ne r..... jamais.
Pourquoi tu ne veux pas me parler, Pierre? Alors, au revoir.»

vends	attends	réponds
entends	comprends	répondez
attendons	vendez	réponds

TIP

Au revoir is the standard way to say 'goodbye', but the phone messages in exercise 2 also include various other ways to say goodbye to people:
À bientôt – See you soon./Talk to you soon.
À tout à l'heure! – See you later (today)./Bye for now.
Salut! can be used to say 'Goodbye' as well as 'Hello', but only with someone you know well.

GRAMMAR

Among the most useful irregular verbs are several whose infinitive ends in 're' even though they are not regular *-re* verbs. Some of these are: *prendre, mettre, dire, être, faire, boire.*

la Bretagne Brittany
breton Breton (from Brittany)

boire être faire aller manger

TIP

The verb *prendre* means 'to take' but it is often used instead of *manger* and *boire* to talk about having something to eat or drink. It's also used for saying what you're going to have when you're eating out:
Je prends mon déjeuner. I'm having my lunch.
Moi, je prends une pizza La Reine. I'll have a La Reine pizza.

It sounds like this

'ain', 'in', 'aim' at the end of words all sound the same. The final consonant is not pronounced but it has the effect that the vowels are pronounced nasally. Listen to the following examples and practise them:
faim, train, fin, dessin, certain, prochain, sain

Watch out for what happens to the pronunciation of adjectives ending in 'ain' when they add 'e' for the feminine form:
certaine, prochaine, saine

3 Écoutez et complétez le dialogue de Monique et Jules. Utilisez les infinitifs dans la case. Attention! Il y a **un** verbe que vous allez utiliser **deux fois**.

Jules: Qu'est-ce qu'on va **1** . . . . . ce week-end? Tu veux **2** . . . . . à Paris?
Monique: Oh non! Je veux **3** . . . . . près **de la mer**. Je préfère aller **en Bretagne**.
Jules: D'accord, on va en Bretagne. Moi, je veux **4** . . . . . **des crêpes délicieuses**.
Monique: Et moi, je vais **5** . . . . . **du cidre breton**.
Jules: Excellent. Je vais **6** . . . . . des réservations.

TIP

Adjectives (like *délicieux*) must agree with the noun they describe: *des crêpes **délicieuses**, but *des gâteaux **délicieux**.*

4 Répétez le dialogue (exercice 3) avec un(e) partenaire.
Changez les détails **en gras** pour inventer un nouveau dialogue.

5 Copiez et complétez ce texte. Choisissez la forme correcte des verbes.

Alice et Michel décident de **1 prendre/faire/prend** le déjeuner au restaurant.
Alice **2 est/boit/dit** à Michel, 'Moi, j'ai faim. Je **3 bois/prends/suis** un bifteck-frites. Et toi?'
'Je ne **4 fais/dis/suis** pas certain,' **5 disent/répond/prend** Michel. 'Dans ce restaurant on **6 boit/est/fait** une omelette excellente. Oui, je vais **7 répondre/prends/prendre** une omelette aux champignons et à boire, euh ... je **8 dit/prends/fais** de l'eau minérale.'

6 Travaillez avec deux camarades. Préparez un mini-drame – **A** et **B** sont deux clients dans un café, **C** est le serveur/la serveuse.
• Imaginez le menu.
• Inventez un problème.
• Trouvez une solution.
• Enregistrez votre mini-drame!

quinzaine (f)   fortnight

7
Choisissez la phrase correcte pour chaque dessin.
1 Il attend le bus depuis quinze heures.
2 Il attend le bus depuis cinq jours.
3 Il attend le bus depuis cinq heures.
4 Il attend le bus depuis une quinzaine.
5 Il attend le bus depuis cinq minutes.

8
Qui parle? Faites des paires.
Exemple: **1   d**
1 Monique et Jules travaillent depuis trois heures.
2 Céline joue du piano depuis deux ans.
3 Ils attendent le bus depuis quinze minutes.
4 Ma mère a mal à la tête depuis une heure!
5 Pierre est journaliste depuis sept ans.

a (J'ai commencé mon travail à l'âge de dix-neuf ans. J'ai maintenant vingt-six ans.)

b (Nous sommes arrivés ici à dix heures. Il est maintenant dix heures et quart.)

c (Passe-moi l'aspirine, s'il te plaît!)

d (Nous sommes arrivés au bureau à neuf heures. Il est maintenant midi.)

e (J'ai commencé à l'âge de quatorze ans. C'est aujourd'hui mon seizième anniversaire.)

9
Formez des phrases avec *depuis*.
Exemple: **1**   Je travaille dans le magasin depuis un mois.
1 Je – travailler dans le magasin – un mois.
2 Elle – préparer le repas – trois heures.
3 Nous – parler français – quatre ans.
4 Ils – regarder ce film – trente minutes.
5 Je – porter des lunettes – trois mois.

GRAMMAR
Notice that in exercise 7 *il attend* is in the present tense although the English equivalent 'he has been waiting' would be in the past tense.
To say how long you have been doing something, use *depuis* with the **present** tense:
Je connais Yvonne depuis deux mois means 'I've known Yvonne for two months'.
J'ai ce chien depuis un an means 'I've had this dog for a year.'

1 Mes amis viennent me voir le samedi.

2 Nous sortons à 19h et nous allons au restaurant.

3 Nous choisissons nos plats favoris.

4 Après, nous allons au cinéma. Moi, je choisis toujours un film de science-fiction. Aujourd'hui, Pierre choisit un film plus sérieux – comme toujours!

5 Le film finit vers 22h. On se dit bonsoir et on prend l'autobus.

GRAMMAR

-ir verbs are a group of verbs whose infinitives end in 'ir':
finir: Le film **finit** vers 22h.
choisir: Moi, je **choisis**.
vomir: J'ai trop mangé. J'ai envie de **vomir**.

Watch out! There are many verbs ending in 'ir' which are not in this group: sortir, dormir, mourir, venir, voir.

10

Écoutez Céline. Elle décrit une sortie avec sa copine Sylvie. Complétez les phrases. Choisissez: a? b? c?

1 Céline et Sylvie sortent
   a le samedi soir.
   b le dimanche soir.
   c le vendredi soir.

2 Sylvie arrive à
   a
   b
   c

3 Les filles . . . à sept heures.
   a viennent
   b partent
   c mangent

4 Céline choisit
   a
   b
   c

5 Sylvie préfère un film
   a romantique.
   b comique.
   c sérieux.

11

Travaillez avec un(e) partenaire. Utilisez les expressions de l'exercice 10. Posez des questions tour à tour.

1 Tu sors quel(s) jour(s)? *Je sors le . . .*

2 Avec qui? *Je sors avec . . .*

3 Si tu es au restaurant, qu'est-ce que tu choisis? *Je choisis . . .*

4 Si tu vas au cinéma, tu choisis quelle sorte de film? *Je choisis . . .*

5 À quelle heure finit le film, environ? *Il finit à . . .*

Les vacances d'Alain et de Bernard: Épisode 2

12

Alain téléphone à la propriétaire du gîte.
Écoutez.
Puis lisez. Liez les questions et les réponses.
Exemple: **1   b**
1 Est-ce que la piscine est chauffée?
2 Où est le restaurant le plus proche?
3 Qu'est-ce qu'il y a à voir dans la région?
4 On peut jouer au tennis dans le village?
   a Il y a deux restaurants dans le village.
   b Non, mais ce n'est pas nécessaire en été.
   c Non, il n'y a pas de court de tennis.
   d Il y a beaucoup de choses à faire et à voir.

savoir   to know (facts)
d'abord   first
chauffé(e)   heated
dans le coin   nearby
je regrette   I'm sorry
pittoresque   picturesque

13

Travaillez avec un(e) partenaire.
A: Votre maison/appartement est à louer. Vous parlez avec un(e) client(e).
B: Vous voulez louer la maison/l'appartement de votre partenaire. Vous téléphonez pour poser des questions.

Pour vous aider

Il y a un/une/des . . . ?   C'est à quelle distance de/d'/des . . . ?
Il y a combien de . . . ?   Où est le/la . . . le/la plus proche?
On peut jouer au . . . ?   Ça coûte combien par semaine?

salle de bains   chambres
table de ping-pong   lits
d'un village
d'un centre commercial
gare   600€   400€   750€

GRAMMAR

Adjectives must have the right ending to match their noun: 's' for plurals, and 'e' for feminine (unless the adjective ends in 'e' already).

14

Choisissez la forme correcte de l'adjectif **(en gras)** pour compléter les phrases.
1 Je choisis un **bon/bonne/bons** restaurant.
2 Les monuments sont **magnifique/magnifiques** dans cette **joli/jolie** région.
3 J'ai une **grand/grande** quantité de dépliants **intéressants/intéressantes**.
4 Alain n'aime pas les **petits/petites** maisons.
5 Qu'est-ce que tu préfères? Les films **sérieux/sérieuses**?

dépliant (m)   (folded) leaflet
escalade (m)   rock climbing
déguster   to taste

15

Trouvez les mots dans la case. Faites attention à la forme des adjectifs.

Découvrez **1** . . . . . les activités de cette **2** . . . . . région. Pour les **3** . . . . enfants, il y a un **4** . . . . . parc d'attractions. Les garçons et les filles qui sont **5** . . . . . peuvent choisir l'escalade ou le VTT.
Adultes, n'oubliez pas de déguster notre vin **6** . . . . . qui est **7** . . . . . Il y a une activité **8** . . . . . pour **9** . . . . . la famille!

sportifs   intéressante   grand
jolie   délicieux   toutes   petits
blanc   toute

Une journée dans la vie d'Éliane – caissière de grande surface

> Je suis caissière dans un grand supermarché. On appelle ça un hypermarché ou une grande surface. À part la nourriture, nous vendons des vêtements, des meubles, des frigos ... presque tout! Moi, je travaille à la caisse. Je fais ça depuis deux ans. J'aime mon travail généralement, mais quelquefois les clients sont de mauvaise humeur. Le salaire n'est pas énorme. L'avantage du travail, c'est que je peux choisir mes heures de travail.

caissière (f)   check-out operative, cashier
quelquefois   sometimes
de mauvaise humeur   in a bad mood

TIP

The word 'work' in English can be used as a noun or a verb. In French the verb is *travailler* and the noun is *le travail*. Which French word would you use to translate these?
*I like my **work**.*
*He **works** well.*
*She was paid well for her **work**.*
*I choose the hours **I work**.*

TIP

Use *est-ce que ... ?* to turn a statement into a question:
Est-ce qu'elle aime son travail?
Does she like her work?

Use *Qu'est-ce que ... ?* to make a question starting 'What':
Qu'est-ce que c'est? What is it?

Look at the questions used in exercise 16 for more examples like these.

16

Écoutez et lisez ce que dit Éliane.
Choisissez: **a**? **b**? **c**?

1 Une grande surface, qu'est-ce que c'est?
  a un stade de foot
  b un hypermarché
  c une boulangerie

2 Depuis combien de temps est-ce qu'Éliane travaille à la caisse?
  a depuis deux heures
  b depuis deux mois
  c depuis deux ans

3 Est-ce qu'elle aime son travail?
  a Elle déteste travailler mais elle aime ses clients.
  b Elle aime travailler et elle aime tous ses clients.
  c Elle aime travailler mais elle n'aime pas tous ses clients.

4 Est-ce qu'elle gagne beaucoup d'argent?
  a Elle reçoit un salaire assez petit.
  b Elle gagne trop d'argent.
  c Elle a un grand salaire.

5 Qu'est-ce qu'elle peut choisir?
  a avec qui elle travaille
  b quand elle travaille
  c où elle travaille

Page voyage

| L'Espagne |
| L'Écosse |
| L'Angleterre |
| Le Japon |
| Le Canada |
| L'Allemagne |
| La France |

17
Regardez les dessins. C'est quel pays?

18
Essayez ce test-géo. Identifiez les pays.
Exemple: 1   le Japon
1   Ici on mange le 'sushi'.
2   Trois pays où on parle anglais?
3   Deux pays où on parle français?
4   Ici il y a beaucoup de forêts et on peut voir des ours.
5   Ici on trouve les montagnes Cairngorm.

It sounds like this
The word for 'country' in French is *le pays*. It always ends in 's', even in the singular, but the 's' is not sounded. Practise the pronunciation of this word and the names of the countries in exercise 17.

19
Complétez avec *à*, *au* ou *en*.
1   Monique et Jules vont . . . Bretagne. Ils ne vont pas . . . Paris.
2   Je suis allée . . . Montréal . . . Canada l'année dernière.
3   Il y a beaucoup de ruines . . . Italie. Il faut aller . . . Rome.
4   Je dois aller . . . Bruxelles. Bruxelles est . . . Belgique.
5   Ils voyagent . . . Espagne pour leurs vacances.

20
Regardez les dessins. Où est-ce qu'ils ont acheté leurs souvenirs?
Exemple: 1   en Angleterre
1   Jean-Paul
2   Madeleine et Céline
3   Éric
4   Les Dupont
5   Henri

GRAMMAR
'To', 'at' or 'in' a place in French is sometimes *à*, sometimes *au*, and sometimes *en*. Use *à* with a town, city or village; use *au* with most masculine countries; use *en* with a feminine region or country:
à Paris, à Liverpool, au Canada, au Japon, en Bretagne, en Angleterre, en France.

Test

Use this test to check what you have learnt in this unit.

petit ami (m) boyfriend
connaître to know (a person)
ensemble together

1 🎧 Madeleine décrit son nouveau petit ami. Écoutez.
1 Vrai ou faux? **[6]**
   a Le petit ami de Madeleine s'appelle Patrick.
   b Ils se connaissent depuis longtemps.
   c Elle sort avec lui depuis deux ans.
   d Il porte des lunettes.
   e Ils ont des conversations intéressantes.
   f Ils détestent les films.
2 Écoutez encore. Corrigez les affirmations qui sont fausses. **[4]**

2 Comment dit-on en français? **[4]**
   1 He has been waiting for the bus for 10 minutes.
   2 She has had a cat for two years.
   3 They have been on holiday for two weeks.
   4 I have been studying French for three years.

3 Complétez avec la forme correcte du verbe au présent. **[12]**
   Exemple: **1** Jean-Paul dit qu'il va partir.
   1 Jean-Paul [dire] qu'il [aller] partir.
   2 Je [aller] dans la cuisine et je [boire] mon café.
   3 Qu'est-ce que tu [faire] là?
   4 Nous [finir] notre travail.
   5 Où est-ce qu'on [vendre] le pain?
   6 Je lui [parler] mais il ne [répondre] pas.
   7 S'il [manger] trop, il [vomir].
   8 Est-ce qu'elles [prendre] l'autobus?
   9 Je suis fatigué, j'[avoir] envie de dormir.
   10 Vous [attendre] devant la maison.

4 Que savez-vous?
   1 Liez le français et l'anglais. **[7]**
   Exemple: **a 4**
   a La Bretagne est en Espagne.
   b On voit la mer à Paris.
   c Une piscine chauffée est toujours trop froide.
   d 'My girlfriend' en français, c'est 'mon petit ami'.
   e Un gîte est une maison de vacances à louer.
   f Un hypermarché est un petit magasin.
   g Une caissière travaille dans un magasin.
      1 A gîte is a holiday home for rent.
      2 A heated swimming pool is always too cold.
      3 In Paris you can see the sea.
      4 Brittany is in Spain.
      5 A cashier works in a shop.
      6 A hypermarket is a small shop.
      7 'My girlfriend' in French is 'mon petit ami'.
   2 Pour chaque phrase **a–g**, décidez: vrai ou faux? **[7]**
   Exemple: **a** faux

Total points: 40

Ça va! (1)

1 C'est qui ou c'est quoi?

1 Il vend la viande.
2 Un très grand magasin.
3 Un animal, l'ami de l'homme.
4 C'est à côté des États-Unis.
5 C'est dans l'ouest de la France.

ACNDAA	GBETNERA
NIEHC	ÉMACRHHPEYR
UHECBOR	

2 Calcul de légumes.

Si . . .

 un chou = trois tomates

 une tomate = deux carottes

 une carotte = quatre pommes de terre

Alors . . .

 un chou = **combien** de pommes de terre?

3 On parle en couleurs! Faites les paires.

1 Rouge comme . . .
2 Noir comme . . .
3 Bleu comme . . .
4 Jaune comme . . .
5 Blanc comme . . .
la neige   une tomate   la nuit   le ciel   un citron

4
Cherchez l'intrus. Expliquez en anglais les raisons pour votre choix.

1 boulanger – boucher – professeur – poissonnier
2 arbres – jardin – table – fleurs
3 maison – gîte – villa – restaurant
4 vin – frites – thé – eau
5 caissière – journaliste – vendeur – supermarché

5
Complétez les devinettes. Faites correspondre la question, la réponse et le dessin!

a Comment est-ce qu'on fait pour faire rentrer 4 éléphants dans une 2CV?

b Pourquoi est-ce que les éléphants utilisent des raquettes dans le désert?

c Qu'est-ce qui est jaune, noir et dangereux?

A Un poussin avec une mitraillette.

B Pour ne pas s'enfoncer dans le sable.

C Deux devant et deux derrière.

Unité 4 — Qu'est-ce que tu as?

Skills and grammar in this unit
- using expressions with *avoir*
- using negatives *ne . . . jamais*, *ne . . . plus*, *ne . . . rien* to mean 'never', 'no longer', 'nothing'

Pronunciation: *je, j'ai; ont, sont*

Topics
- clothes
- ailments, the body
- family life
- items in the home
- animals, pets
- directions, instructions
- a day in the life of a French vet
- a climbing trip

Revision
- giving instructions (imperatives)
- using *tu* and *vous*
- using *ne . . . pas* to mean 'not'
- parts of the body, using *avoir mal à*
- following directions

Les vacances d'Alain et de Bernard: Épisode 3

Bernard fait ses préparatifs pour le départ.

1 T-shirts, jeans, short, chaussettes . . .

2 Tu n'as pas d'imperméable, Bernard?
Maman, ce n'est pas nécessaire au mois d'août!

3 Mais tu as besoin d'un pull.
Tu as tort, maman. En Provence il fait toujours chaud. Ce n'est pas nécessaire.

4 Mais, j'ai besoin de mon slip de bain . . . Il est où? Et mes lunettes de soleil. Je ne trouve pas mes lunettes de soleil.

5 Et n'oublie pas le savon. Et tu n'as pas pris de shampooing.

Maman, ne t'inquiète pas! On peut acheter ces choses en Provence!

6

1  Écoutez et lisez la conversation. Faites une liste de toutes les expressions avec *ne . . . pas*.
Exemple: Tu n'as pas

2 Écrivez des phrases avec *ne . . . pas*.
Exemple: **1** Bernard ne fait pas ses préparatifs.
1 Bernard fait ses préparatifs.
2 La mère de Bernard est très calme.
3 Les deux frères voyagent en train.
4 On va en Espagne.
5 Bernard prend son imperméable.

GRAMMAR
Remember that to make a negative you put the words *ne* and *pas* either side of the verb: ***N'oublie pas** le savon!* Don't forget the soap!

TIP
J'ai besoin de . . . I need . . .
Tu as tort! You're wrong!

GRAMMAR

Apart from *ne . . . pas*, there are some other expressions which fit round verbs in the same way, to make a negative statement. Here are three useful ones:

To say 'never', use *ne . . . jamais*:
*Il **ne** regarde **jamais** les films d'horreur.* He never watches horror films.

To say 'no more' or 'no longer', use *ne . . . plus*:
*Je **n'ai plus** d'argent.* I've got no more money.
*Elle **ne** travaille **plus**.* She no longer works.

To say 'nothing', use *ne . . . rien*:
*Elle **ne** dit **rien**.* She says nothing./ She doesn't say anything.

La vie d'Hervé – ermite dans le désert

Hervé ne dit rien, il n'écoute rien, il ne lit rien. Il ne regarde pas la télévision, il n'utilise jamais un ordinateur, il ne parle jamais au téléphone, il n'envoie jamais d'e-mails. Il n'a pas de voiture. Il ne mange jamais de viande. Il boit de l'eau et des jus de fruits, mais il ne boit jamais d'alcool. Il ne va jamais en ville parce qu'il n'achète rien. Il ne part jamais en vacances. Il aime le silence et il aime méditer.

3 Vous êtes Hervé. Copiez les quatre phrases vraies.

1 Je ne mange rien.
2 Je ne bois rien.
3 Je ne lis rien.
4 Je ne dis rien.
5 Je n'achète rien.
6 Je n'aime rien.
7 Je ne gagne rien.
8 Je ne fais rien.
9 Je ne vois rien.

4 Écrivez les phrases pour donner le sens **contraire** au texte «La vie d'Hervé».
Exemple: **1** Il boit beaucoup d'alcool.
1 alcool boit beaucoup Il d'.
2 la aime écouter pop Il musique.
3 va ville souvent en en Il voiture.
4 travaille ordinateurs avec Il des.
5 Il télévision les la regarder à films aime.

TIP

Remember that *ne* changes to *n'* before a vowel or a silent 'h'.

5 Je déteste ma sœur. J'adore mon frère.
Complétez mes phrases avec *ne … jamais*.

Ma sœur est horrible parce qu'...	Mon frère est formidable parce qu'...
elle cache toujours mes affaires.	1 il ne cache jamais mes affaires.
elle emprunte mes vêtements.	2
elle prend mes chaussettes.	3
elle révèle mes secrets à mes parents.	4
elle chante à haute voix sous la douche.	5
elle écoute mes CD sans ma permission.	6
elle passe des heures au téléphone.	7

affaires (fpl) personal possessions, belongings

Les vacances d'Alain et de Bernard: Épisode 4

6 🎧 Écoutez et suivez les directions. Notez la lettre.

Où se trouvent:
1 le gîte?
2 le Café Jacques?
3 le bureau?

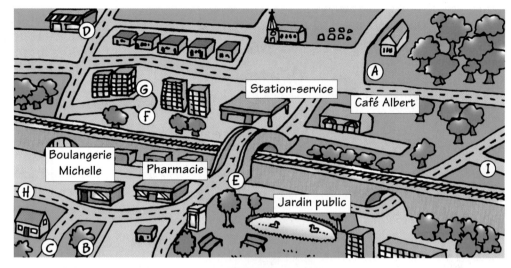

Les panneaux dans le gîte

a *N'utilisez pas l'eau chaude entre 23h et 7h, s.v.p.*

b **Fermez toutes les fenêtres quand vous quittez la maison.**

c **N'entrez pas dans le potager.**

d **Ne jouez jamais au ballon dans la cour!**

e *Ne stationnez pas votre véhicule devant la maison. Utilisez le parking à côté.*

f **Utilisez le téléphone seulement en cas d'urgence!**

g **Ne laissez rien dans le frigo quand vous partez.**

h *N'oubliez pas de nettoyer la douche, le lavabo et les WC à la fin de votre séjour. Merci.*

potager (m)   vegetable garden
basilic (m)   basil

7 📖 Alain et Bernard n'ont pas lu quel panneau? Écrivez la lettre correspondante.

Exemple: **1   c**

1 Bernard va dans le jardin pour chercher du basilic pour une pizza.
2 Alain a téléphoné à un ami mais il n'a pas utilisé son portable.
3 Alain se douche à minuit.
4 Alain dit: «Samedi, on peut laisser du lait dans le frigo pour les gens qui arrivent.»
5 Bernard dit: «On va en ville? Il fait chaud, alors je vais laisser cette fenêtre ouverte.»
6 Ils laissent leur voiture devant la porte du gîte.

Arrête! Arrête!

Arrêtez! Arrêtez!

Les vacances d'Alain et de Bernard: Épisode 5

10 La mère de Bernard téléphone pour donner des conseils.

1 Écoutez la conversation et remplissez les blancs. Choisissez les mots dans la case.
Exemple: **1**   Mange
  1 . . . . chaque jour des fruits.
  2 Couchez- . . . . avant minuit.
  3 Levez- . . . . de bonne heure.
  4 Ne . . . . pas trop de télévision.
  5 Ne . . . . pas trop d'alcool.
  6 . . . .-moi l'adresse du gîte.
  7 . . . .-moi une carte postale.
  8 . . . . à ta grand-mère.
  9 . . . . tes gants.
  10 N'. . . . . pas ton pullover.

> Mets Donne vous regardez Mange Oublie
> buvez Envoie vous Téléphone

2 Lisez les conseils complétés.
Quels conseils sont pour Bernard seul et quels conseils sont pour Bernard et Alain?
Écrivez **B** ou **B + A**.
Exemple: **1**   **B**

8 *Tu* ou *vous*?
Exemple: **1**   vous
1 Un professeur parle avec un groupe d'élèves.
2 Un garçon parle avec son amie.
3 Un agent de police parle avec un automobiliste.
4 Un client parle avec un employé de banque.
5 Une fille parle avec sa mère.
6 Michel parle à son cobaye.
7 Jacques parle à ses deux chiens.
8 Bernard parle avec la propriétaire du gîte.

GRAMMAR

All the instructions you read and heard on page 21 were in the *vous* form. When you are asking or telling someone to do something, you must use the correct form, depending on whether you normally say *tu* or *vous* to that person.
Remember: you must use *vous* if you're speaking to more than one person.

11 Il y a un problème dans le gîte. Écoutez. Choisissez: **a**? **b**? **c**?
1 Bernard est **a** dans les WC. **b** dans la salle de bains. **c** dans un placard.
2 Alain dit que Bernard doit **a** casser la porte. **b** tirer sur la porte. **c** écrire un message.
3 Bernard demande un tournevis et puis **a** une cuillère. **b** un couteau. **c** un marteau.
4 Alain dit à Bernard de sortir **a** par la porte. **b** par la fenêtre. **c** par la grille.
5 Bernard dit à Alain d'appeler la police et **a** sa mère. **b** sa sœur. **c** son frère.

9 Écoutez les personnes qui parlent. Identifiez la conversation de l'exercice 8.
Exemple: **a**   **7**

tirer sur pull
tournevis (m) screwdriver
marteau (m) hammer
pousser to push
tirer to pull

tous les deux both
cheville (f) ankle
j'ai mal au cœur I feel sick

salut!

Salut, Annie.
Enfin! La visite scolaire infernale est terminée! Quel voyage! Et après le voyage
– tous les camarades de classe sont malades! Olivier a mal à la tête, et Simon,
il a mal au pied. Damien et Robert ont tous les deux mal au dos et Janine ne
peut pas marcher. Elle a mal à la cheville. C'est assez grave. Elle est allée voir le
médecin et elle doit se reposer. Et moi? J'ai un rhume depuis une semaine. J'ai
chaud, j'ai mal au cœur et j'ai toujours soif. Mon frère aussi. Il a mal à la gorge.
Il ne mange rien mais il a
soif et il ne peut pas
parler.
Je ne veux plus jamais
faire de visites scolaires!
J'espère que tu passes de
bonnes vacances.
À bientôt!
Véronique

12 📖 Lisez l'e-mail de Véronique. Quelles parties du corps sont mentionnées?

13 ✏️📖 Écrivez les phrases correctement.

Exemple: 1   Qu'est-ce qu'il y a?
1 Questcequilya?
2 Jaimalaudos.
3 Jaifaimetjaisoif.
4 Monfrèreamalàloreilleetmasœuramalauventre.
5 EstcequetuaschaudOlivier?
6 Ilyabeaucoupdedevoirscesoir.
7 Estcequilyauneposteprèsdici?
8 Jaichaudetjesuisfatigué.

14 ✏️💬📖 Écrivez trois phrases sans intervalles (comme dans l'exercice 13).
Donnez les phrases à un(e) partenaire. Il/Elle va les lire à haute voix.

15 🎧
1 Écoutez. Est-ce que vous entendez *Je* ou *J'ai*?
   Exemple: **a**   je
2 Écoutez. Est-ce que vous entendez *ont* ou *sont*?
   Exemple: **a**   ont

GRAMMAR

As well as *avoir besoin de* and *avoir raison/tort*, there are several other expressions in French where you must use *avoir* although English uses 'to be'. (Don't forget, for example, *j'ai 14 ans.* I am 14.)

Several of these phrases are useful for describing how you are feeling.
*Tu **as soif**? Non, mais j'**ai faim**.*   **Are you thirsty?** No, but **I'm hungry**.
*Martin **a froid**, mais Estelle **a chaud**.*   Martin **is cold**, but Estelle **is hot**.
*Ils **ont peur des** serpents.*   They **are afraid of** snakes.

You use *avoir mal* to say you are in pain. To say where a pain is, you must include *au, à la, à l'* or *aux*, depending on the gender of the body part you mention.
*J'ai mal **à la** tête, **aux** oreilles, **à l'**estomac et **au** genou!*
My head hurts, my ears hurt, my stomach hurts and my knee hurts!

It sounds like this

Listen carefully to the difference between:
je, j'ai.

Listen and imitate:
Je voudrais des frites.
J'ai quatorze ans.

Listen carefully to the difference between the words:
ont, sont.
Mes voisins ont des chats.
Mes voisins sont des chats.

Une journée dans la vie *de Patricia Merlin – vétérinaire*

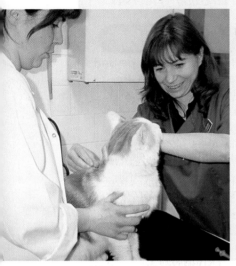

Interviewer: Pourquoi est-ce que vous avez décidé de devenir vétérinaire?

Patricia: J'ai toujours aimé les animaux. J'ai habité à la campagne – mon père est fermier et il a beaucoup d'animaux: des vaches, des chevaux, des lapins, des poules et beaucoup, beaucoup de chats.

Interviewer: Et vous êtes allée à l'université?

Patricia: Oui, oui. J'ai étudié à l'Université de Poitiers – six ans.

Interviewer: Et maintenant vous travaillez ici. Vous travaillez tous les jours?

Patricia: Je ne travaille pas tous les jours. Je travaille le lundi, le mardi et le mercredi matin.

Interviewer: Et vous aimez votre travail?

Patricia: Je l'aime bien. J'adore les animaux et j'aime parler avec les gens qui viennent me voir quand il y a un problème avec le chat, le chien, le hamster . . .

Interviewer: Et qu'est-ce que vous n'aimez pas dans votre travail?

Patricia: Bien sûr, je n'aime pas quand un animal me mord ou me pique! Ça arrive de temps en temps, quand l'animal a peur. Hier, par exemple, une souris m'a mordu le doigt!

mordre to bite
piquer to sting, to bite
piqûre (f) injection
patte (f) paw, (animal's) leg

16 Lisez et écoutez l'interview avec Patricia. Puis choisissez une expression logique (a–j) pour compléter les phrases 1–6.

Exemple: **1   h**

1 Patricia a passé son enfance
2 Sa famille a beaucoup
3 Elle a passé six ans
4 Elle travaille
5 Elle n'aime pas
6 Elle a mal

a   d'animaux.
b   à la jambe.
c   donner les piqûres.
d   trois jours par semaine.
e   à la main.
f   à l'université.
g   quand les animaux la mordent.
h   à la campagne.
i   d'enfants.
j   à l'hôpital.

17 Écoutez les conversations chez la vétérinaire.
Lisez les phrases et remplissez les blancs.

1 Mustafa . . . mal aux . . . .
2 Le hamster . . . mal . . . .
3 Henri . . . mal à . . . .
4 . . . . a mal au ventre.
5 Lucy a mal . . . . , ... et . . . .

aux pattes a l'oreille yeux
a aux yeux Victoria a au
ventre à la patte

18 Travaillez avec un(e) partenaire. Inventez des animaux malades. Changez l'animal ou la maladie.

Exemple: **A** Mon lapin a mal aux yeux.

B Mon lapin a mal à la patte.

A Mon chien a mal à la patte.

Page voyage

TIP

Remember that *tu* is only used with people you know very well, or children (and pets). *Vous* must be used with adults unless they are relatives, and when talking to more than one person (as in the classroom instructions in exercise 19).

19

Écoutez M. Martin qui parle avec ses élèves. Ils font un voyage scolaire dans les Pyrénées. Lisez ces phrases. Les mots **en gras** ne sont pas dans les phrases correctes. Échangez les mots pour faire des phrases logiques.

Exemple: **1**   Écoutez bien.

1 Écoutez **vos grosses chaussures**.
2 Prenez **un chapeau**.
3 Mettez deux paires de chaussettes **dans la cuisine**.
4 N'oubliez pas **bien**.
5 Apportez aussi **vos sandwichs**.
6 N'allez pas **ici à huit heures moins le quart**.
7 Allez chercher **vos lunettes de soleil**.
8 Venez **dans le sac à dos**.

20

L'instructeur d'alpinisme parle à M. Martin et à un élève, Simon.

1 Écoutez l'instructeur. Faites une liste des instructions.

Exemple: **a**   Écoute

a É. . . . .   f A. . . . .
b M. . . . .   g A. . . . .
c N'a. . . . .   h D. . . . .
d A. . . . .   i R. . . . .
e D. . . . .   j F. . . . .

2 Pour chaque instruction, décidez, il parle à qui? À Simon, ou à M. Martin?

Exemple: **a**   Simon

21

Écoutez M. Martin et Gilles. Regardez la liste. Identifiez le seul problème que Gilles **ne mentionne pas**. Gilles dit qu'il a . . .

1 mal à la tête.   4 chaud.
2 mal au dos.   5 soif.
3 froid.   6 mal aux pieds.

22

Travaillez avec un(e) partenaire. Inventez des problèmes. Combien de problèmes est-ce que vous pouvez mentionner?

Exemple:

A   Moi, j'ai mal aux oreilles.

B   Oh, mais moi, j'ai mal aux oreilles et j'ai mal à la jambe.

A   Oh, mais moi, . . .

Test

Use this test to check what you have learnt in this unit.

1 Remplissez les blancs. Utilisez les mots dans la case.   **[10]**
Exemple: **1**   faim

il y a	j'ai
ont	as
j'ai	faim
a mal	j'ai froid
avez chaud	as tort

   1 Moi, j'ai . . . . . – je voudrais un sandwich au fromage.
   2 Aïe, ... mal à la tête – je voudrais de l'aspirine.
   3 Tu . . . . . quel âge, Bernard?
   4 Qu'est-ce qu'. . . . . pour le dîner, papa?
   5 Brr, ... – je vais mettre mon pullover.
   6 Les enfants . . . . . faim, maman.
   7 Vous . . . . ? Bon – ouvrez une fenêtre!
   8 Patrick est enrhumé – il . . . . à la gorge.
   9 J'ai douze ans? Non, tu . . . . , j'ai quinze ans!
  10 . . . . . besoin d'un tournevis, s'il te plaît.

2 **1** Écrivez les phrases correctes.   **[5]**
   a la et ici fenêtre Viens ferme.
   b le à droite Passez pont et tournez.
   c carte une postale envoyer N' d' oubliez pas.
   d Mange jus tes orange ton carottes et bois d'.
   e avec les bébés leurs Regarde vaches.
  2 Traduisez les phrases en anglais.   **[5]**

3 Vous partez en vacances dans les Pyrénées. Est-ce que vous avez besoin de ces choses? Écrivez des phrases avec *J'ai besoin de* et *Je n'ai pas besoin de*.   **[10]**
Exemple: **1**   Je n'ai pas besoin de mon cahier de maths.

1 mon cahier de maths	**7** argent
2 mes lunettes de soleil	**8** un plan de Londres
3 la crème solaire	**9** mon short
4 une serviette	**10** mon ordinateur
5 mon passeport	**11** ma valise
6 un fauteuil	

4 Utilisez la grille pour faire dix phrases.   **[10]**
Exemple: Je ne travaille pas le week-end.

Je		travaille		de bruit
Patrick		fait	pas	à l'étranger
Alain et Bernard	ne	voyagent		le week-end
Les filles		jouez	jamais	avec les animaux
Mon professeur	n'	mange		au hockey
Vous		allez	plus	les devoirs
		ont		de frites
			rien	d'alpinisme
				d'argent

Total points: 40

Unité 5

Qu'est-ce qu'on a fait?

Skills and grammar in this unit	Revision
• using *ne . . . pas* and other negatives **Pronunciation:** *u*; final *s* and *x*, liaison **Topics** • leisure activities • holidays in Europe • walking in the Pyrenees • weather • the work of a steward on a TGV (high-speed train)	• using *il y a* to say 'ago' • high numbers • negatives • dates • the perfect tense

Les vacances d'Alain et de Bernard: Épisode 6

1

Écoutez Alain qui téléphone à sa copine, Brigitte.
Regardez ces paires d'expressions. Vous entendez quelle
expression? Notez: **a** ou **b**.
Exemple: **1   a**

1	**a**	nous avons fait	**b**	nous avons fini
2	**a**	on a préparé	**b**	on n'a pas payé
3	**a**	je n'ai pas perdu	**b**	j'ai répondu
4	**a**	j'ai attendu	**b**	je n'ai pas bu
5	**a**	nous avons arrêté	**b**	nous avons quitté
6	**a**	nous avons habité	**b**	nous avons écouté
7	**a**	j'ai prié	**b**	j'ai oublié
8	**a**	j'ai payé	**b**	j'ai travaillé

2    Écoutez Alain encore une fois. Liez les phrases.
Exemple: **1   d**

1 Nous avons fait
2 Tu as fermé
3 On a dû
4 J'ai voulu
5 Nous avons trouvé
6 Bernard a crié
7 J'ai laissé
8 J'ai payé
9 Nous avons mangé

a rentrer pour vérifier.
b le gaz, Alain?
c avec ma carte de crédit.
d une excursion en voiture.
e Alain, j'ai oublié mon portefeuille.
f écouter la musique de Death Blasters Unlimited.
g un petit supermarché.
h en silence.
i mon argent dans le gîte.

GRAMMAR

Do you remember how to form
the perfect tense (*le passé composé*)?
Many verbs use a part of *avoir*
together with the past
participle:
Il a parlé.   He spoke, he has
   spoken.

The past participle of *-er* verbs
ends 'é'.
The past participle of *-ir* verbs
ends 'i'.
The past participle of *-re* verbs
ends 'u'.
Some past participles are
irregular:
elle a été   she was, she has
   been
nous avons eu   we had, we
   have had

3 📖 Lisez les descriptions de vacances. Les noms des pays **(en gras)** sont faux. Corrigez les erreurs. Tous les pays sont sur la carte.

Exemple: **1** France

1

> J'ai passé mes vacances en **Espagne**. Il a fait beau. Nous avons nagé. Nous avons dansé dans les clubs. Nous avons mangé dans les restaurants. Nous avons vu des sites touristiques, la Tour Eiffel, par exemple – formidable!

2

> Moi, j'ai passé mes vacances aux **Pays-Bas**. C'est la première fois que j'ai visité les Alpes. C'était chouette! J'adore faire de l'alpinisme et j'ai fait des randonnées dans les montagnes – jusqu'à trois cents mètres!

3

> Moi, j'adore le **Luxembourg**. J'ai visité ma tante qui habite près de Lisbonne. La région est très belle. Nous avons nagé dans la mer presque tous les jours et nous avons fait de la planche à voile dans l'Océan Atlantique. Il a fait très très chaud.

4

> Moi, j'ai passé quinze jours en **Belgique**. C'est un long voyage. Nous avons pris le train de Paris à onze heures du matin pour arriver à Rome 18 heures plus tard.

4 ✏️ 📖

Lisez la description des vacances de M. Fait-Rien. Complétez la description des vacances de M. Hyperactif.

Les vacances de M. Fait-Rien

Il n'a rien mangé.
Il n'a rien bu.
Il n'a jamais dansé au club.
Il n'a pas visité le château.
Il n'a parlé à personne.
Il n'a jamais téléphoné à ses amis.
Il n'a rien lu.
Il n'a rien vu d'intéressant.

Les vacances de M. Hyperactif

Il a mangé des steaks, des frites, des glaces . . .
Il a bu de la limonade, de la bière, de l'eau . . .

Gaffes à gogo

Pauline

À l'âge de deux ans, j'ai rendu visite au Père Noël. Nous avons parlé. Il a posé des questions et j'ai donné mes réponses. Assise sur ses genoux, j'ai commencé à faire pipi. J'ai fait pipi sur son pantalon, sur sa veste et sur ses gants, dans ses bottes. C'était vraiment pénible!

Henri

Ah, à l'école, le concert de musique. J'ai chanté dans une chorale. Nous avons chanté plusieurs chansons folkloriques. À la fin d'une chanson, j'ai continué à chanter mais les autres, ils ont cessé. Oui, j'ai chanté solo. Tout le monde m'a regardé et j'ai rougi! J'ai voulu mourir!

Diana

Pour moi aussi, c'était dans un concert de musique à l'école. J'ai joué de la trompette. C'est un instrument très fort. Je n'ai pas pu jouer les notes et j'ai fait beaucoup d'erreurs – tout le monde m'a entendue. C'était vraiment horrible!

David

À l'âge de quatre ans, j'ai enfoncé une gomme dans ma narine et la gomme a disparu dans mon nez! J'ai dû aller chez le médecin avec ma mère, mais dans le bus la gomme a réapparu! Tous les passagers m'ont regardé. C'était vraiment bizarre!

---

5 📖🎧 Lisez et écoutez l'article de magazine. Trouvez:
1 **un** instrument de musique
2 **trois** parties du corps humain
3 **quatre** choses qu'on porte
4 les **trois** personnes suivantes:
   a l'homme qui apporte les cadeaux de Noël
   b une personne qui aide les malades
   c les personnes qui voyagent dans un bus ou un train

enfoncer	to push in
faire pipi	to pee
gant (m)	glove
c'était	it was
chorale (f)	choir
rougir	to blush
narine (f)	nostril
a réapparu	re-appeared

6 📖 Trouvez dans l'article les phrases qui ont le sens contraire.
Exemple: **1** Il a **posé** des questions.
Pauline
1 Il a **répondu** à des questions
Henri
2 **J'ai arrête**
3 **Ils ont commencé**
Diana
4 Un instrument **très doux**
5 C'était **génial**!
David
6 La gomme a **disparu**

GRAMMAR

To say you 'didn't do' something, you need to use a negative and the perfect tense (*passé composé*). Use the same negatives as with the present tense: *ne . . . pas* (not), *ne . . . jamais* (never), *ne . . . plus* (no longer).

You place the negative around the part of *avoir* in the perfect tense:
*Je **n**'ai **pas** regardé la télévision.*   I didn't watch the television.
*Je **n**'ai **jamais** vu 'Star Wars'.*   I've never seen 'Star Wars'.

It sounds like this

You know that the letter 's' is usually not pronounced at the end of words in French. When the following word starts with a vowel, however, the 's' is pronounced and sounds like a 'z'. There is a technical term for this: 'liaison'.

Listen to the recording of these examples of liaison:
Je n'ai pas écouté.
Elle n'a jamais acheté de voiture.

The same thing happens with the 'x' at the end of a word when it is followed by a vowel. Listen to this example.
Nous allons aux États-Unis.

7 Écoutez les phrases.
Présent (**P**) ou passé composé (**PC**)?
Exemple: **1**   PC

8 Inventez des phrases positives et négatives.
Exemple: **1 a** Il n'a pas mis son imperméable. **b** Il a mis son imperméable.

1 mettre un imperméable

a   b

4 boire beaucoup de vin

a   b

2 trouver ses lunettes

a   b

5 vendre sa voiture

a

b

3 faire la vaisselle

a

b

6 finir ses devoirs

a   b

9 Vous allez entendre le 's'? ou le 'x'? Décidez. Ensuite écoutez et imitez la prononciation.
1   Je n'ai jamais aimé les pommes.
2   Mes frères n'aiment pas les oranges.
3   Georges, qu'est-ce que tu fais là? Je ne fais rien, moi!
4   Le prof ne donne jamais de devoirs aux élèves.
5   J'ai vendu mes skis, et je vais acheter des jeux vidéo.
6   Vous allez aux États-Unis? Non, nous allons aux Pays-Bas.

10 📖💬

1 Écrivez les dates en chiffres, et dans le bon ordre!
- mille neuf cent quatre-vingts
- mille neuf cent quatre-vingt-dix-huit
- deux mille un
- mille huit cent quatre-vingt-deux
- mille neuf cent soixante-six
- mille neuf cent quatre-vingt-trois

2 Prononcez les années suivantes.
1815   1871   1996   1999   2002   2010

TIP

The following numbers, which you often need for dates, are especially tricky!
70s: soixante-dix, soixante et onze, etc.
80s: quatre-vingts, quatre-vingt-un, quatre-vingt-deux, etc.
90s: quatre-vingt-dix, quatre-vingt-onze, etc.
Working with a partner, take turns: one of you points at one of the numbers below – the other says the number.

360   565   284   690   896   472

Now continue with your own invented three-figure numbers. The middle figure must be 6, 7, 8 or 9.
A writes down a number (e.g. 372); **B** has to say it.

11 📖✏️

Imaginez qu'il est 10h30, samedi le 18 octobre 2003.
Complétez la grille.

samedi le 18 octobre 2003, 10h30	= aujourd'hui, en ce moment!
1 vendredi le 17 octobre 2003	= *hier*
2 le 18 octobre 2003, 9h30	= *il y a une heure*
3 le 11 octobre 2003	= ?
4 le 18 septembre 2003	= ?
5 le 18 août 2003	= ?
6 le 18 octobre 2002	= ?
7 le 18 octobre 2001	= ?
8 samedi le 18 octobre 2003, 8h30	= ?
9 le 18 octobre 1903	= ?

12 🔊

Écoutez M. Moineau, principal d'un collège, qui parle avec des visiteurs. Liez les dates et les dessins.
Exemple: **1 d**

1 1995

2 1998

3 1999

4 2001

5 1990

6 1992

7 2000

GRAMMAR

hier   yesterday
la semaine dernière   last week
samedi dernier   last Saturday
l'année dernière   last year
le week-end dernier   last weekend

- use *dernier* with masculine nouns such as days of the week
- use *dernière* with feminine nouns such as *semaine*.

You can put *il y a* ('ago') in front of any time expression:
il y a un mois   a month ago
il y a une semaine   a week ago
il y a cent ans   100 years ago

13 💬

Travaillez avec un(e) partenaire
Posez des questions à votre partenaire.
Répondez tour à tour.

Qu'est-ce que tu as	fait	hier?
	mangé	la semaine dernière?
	bu	samedi dernier?
	acheté	il y a un an?
	lu	il y a un mois?
	vu	l'année dernière?

Page voyage

Randonnées dans les Pyrénées

Le sentier G10 est très bien marqué. Mardi matin nous avons laissé le camping à 2000 mètres et mardi soir nous avons dressé nos tentes à 3000 mètres. Une ascension de 1000 mètres dans une journée! C'était fatigant!

La grandeur des montagnes m'a frappé – aussi la chaleur! Tous les jours le soleil a paru derrière les montagnes et il a brillé sans cesse. Il a fait chaud (28 degrés). Pour cette raison nous avons quitté le camping tous les jours à sept heures du matin. Nous avons marché pendant cinq heures avec des sacs à dos très lourds!

Les montagnes, les arbres, les rivières – ce paysage est très beau. Nous avons vu beaucoup de plantes et de fleurs exotiques. Nous avons vu plusieurs espèces de papillon, et aussi des lézards et des escargots. Un jour, nous avons vu un serpent sur le sentier! Pendant la pause déjeuner, un aigle a regardé nos sandwichs avec

intérêt! Jean-Paul a crié 'Il y a un loup derrière le rocher!' – mais c'était le chien d'un berger! Jeudi soir, nous avons dressé nos tentes au Refuge du Clot à 3500 mètres – un endroit magnifique!

---

sentier (m)   path
dresser une tente   to put up a tent
chaleur (f)   heat
paysage (m)   landscape
espèce (f)   species
aigle (m)   eagle
loup (m)   wolf
berger (m)   shepherd

14 Lisez le reportage sur les randonnées dans les Pyrénées. Puis lisez les phrases 1–6.
Vrai (V), faux (F) ou pas mentionné (PM)?
Exemple: **1**   F
1 Ils ont marché 1000 kilomètres.
2 Ils ont eu un temps ensoleillé.
3 Ils ont marché plus de quatre heures tous les jours.
4 Tous les soirs, ils ont dressé leurs tentes.
5 Ils ont vu plusieurs espèces d'oiseaux.
6 Ils ont passé la dernière nuit dans un hôtel.

15 Cherchez l'intrus.
Exemple: **1**   sac à dos
1 sentier route rue sac à dos
2 lac rivière camping fleuve
3 plante herbe fleur rocher
4 aigle lézard escargot serpent
5 magnifique fatigant beau formidable
6 loup chien chat papillon
7 marcher journée voyager quitter
8 degrés chaleur kilomètres mètres

16 Choisissez un adjectif pour chaque mot. Utilisez les adjectifs dans la case.
1 une vue . . . .
2 les sacs à dos . . . .
3 un temps . . . .
4 les . . . . rivières
5 une . . . . montagne

chaud magnifique petites lourds haute

Une journée dans la vie de Philippe – membre du service de bord sur le TGV

17

Philippe parle de son travail.

Écoutez l'interview et choisissez l'option vraie.

Exemple: **1 400**

1 Philippe a voyagé **200/300/400** kilomètres hier.
2 Il travaille **dans une station-service/dans un train/à la gare**.
3 Il prépare **des légumes/les repas/les petits déjeuners**.
4 Il a servi **du poisson/des boissons/du poison**.
5 Il a travaillé **dans un hôtel/dans une agence de voyages/à la ferme**.
6 La dame a voulu aller à **Nice/à Bruxelles/à Paris**.

18

Écoutez Sandrine. Elle parle de son régime.
Qu'est-ce qu'elle mentionne?

Exemple: **h** . . .

19

Inventez des histoires. Inventez des idées originales, mais il faut utiliser **une** expression dans chaque colonne.

Exemple: **Il y a deux mois**, j'ai visité Birmingham. J'ai acheté **un pantalon** et j'ai mangé dans **un restaurant**. J'ai choisi **du poisson** mais la serveuse a apporté de la viande!

Il y a une heure,	un chien	un sac à dos	un doigt
Hier,	un journal	une tente	des devoirs
La semaine dernière,	un pantalon	des bottes	le train
L'année dernière,	un billet de 500 euros	le Père Noël	du poisson
Il y a deux mois,	du fromage	l'école	le chef de cuisine
Il y a cent ans,		un restaurant	un film de Harry Potter
		mon passeport	

Test

Use this test to check what you have learnt in this unit.

1 Remplissez les blancs. Utilisez les mots dans la case.   **[8]**
   1 Je n'ai pas . . . . mes devoirs.
   2 Hier, j'ai . . . . la télévision pendant cinq heures.
   3 Tu as . . . . la voiture, Patrice?
   4 Ma mère a . . . . aller à l'université mais ce n'était
   pas possible.
   5 Les ados ont . . . . les chansons sur CD.
   6 Les amis ont . . . . des lézards et des serpents.
   7 Zut, j'ai . . . . mes clefs!
   8 Mes parents ne m'ont pas . . . . de passer la soirée en
   ville.

> permis lavé enregistré
> voulu vu oublié fait
> regardé

2 Écrivez les phrases correctement.   **[8]**
   Exemple: **1**   Guy a travaillé
   1 Guy a ARVTLÉIAL deux mois dans un hôtel.
   2 Nous avons ÉSITVI les États-Unis en 1990.
   3 Paul a GNÉAM tout un kilo de chocolat.
   4 J'ai SIM mes affaires dans le sac à dos.
   5 Est-ce que tu as GRAOSNÉI une boum pour ce soir?
   6 Bernard et Alain ont VGAÉYO en voiture.
   7 Je n'ai jamais ÉCTÉUO la musique de Mozart.
   8 J'ai toujours RFÉÉÉRP la musique rock.

3 Copiez et remplissez les blancs. Utilisez les mots dans la
   case.   **[8]**
   Exemple: **1**   Il y a trois jours

   Salut, Serge!
   1 . . . . j'ai commencé mes vacances sur l'île Maurice.
   J'adore cette île! Il fait beau **2** . . . .
   3 . . . . je me lève à 9 heures mais **4** . . . . j'ai fait la
   grasse matinée – jusqu'à midi!
   Je vais **5** . . . . à la plage. **6** . . . . j'ai fait du ski
   nautique et **7** . . . . on va faire de la plongée sous-
   marine. Mais **8** . . . . je bois un jus de pamplemousse à
   la terrasse. Ah, quelle vie difficile!
   Annette

> tout le temps   maintenant
> hier   samedi dernier
> Normalement   Il y a trois jours
> plus tard   tous les jours

4 Vous entendez quels numéros? Écrivez les sept numéros
   en chiffres.   **[6]**
   Exemple: **1** 1993

Total points: 30

6

Ça va! (2)

La philosophie de Jean-Pierre

Pour être bon élève, voilà mes conseils . . .

▶ Ne fais jamais tes devoirs. Ne revise jamais. Il n'est pas bon de remplir la tête de faits et de chiffres inutiles! Il est important d'être libre pour créer, pour explorer, pour trouver de nouvelles méthodes de penser.

Mais si les parents insistent . . .

▶ Va directement dans ta chambre.
▶ Branche ta chaîne hi-fi. Choisis un CD de Heavy Metal. Mets le baladeur. Si on entre dans ta chambre, crie «Ne me dérange pas! Je travaille!»
▶ Pose des livres et des papiers sur toutes les surfaces. Ça donne l'impression que tu travailles beaucoup. N'oublie pas de changer la position de ces livres et papiers tous les jours.
▶ Regarde toujours les feuilletons à la télé quand tu travailles. Il est important de regarder les émissions deux fois pour bien connaître les personnages. Alors fais toujours des enregistrements. Si possible, regarde les chaînes câble – on a un plus grand choix d'émissions stupides.

un baladeur
une télécommande
les papiers
les choses sucrées
l'acné

Pose la télécommande sur la table près de toi. Si tes parents entrent, change vite de chaîne et dis «Ne me dérangez pas! Je regarde un documentaire important pour mon cours d'histoire!»
▶ Après une heure, mange quelque chose. Mais pas de fruits! Choisis des choses sucrées avec beaucoup d'additifs. Ça te donne de l'acné et des insomnies et tout le monde va dire «Pauvre Jean-Pierre. Il a l'air stressé à cause de son travail.»
▶ Fais un poster pour montrer tes progrès. Attache le poster au mur. Ne regarde jamais ce poster.

1

Read Jean-Pierre's homework advice, and answer the questions.

1 What does Jean-Pierre think about facts and figures?
2 What sort of music should you listen to?
3 What must you do every day and why?
4 Why should you record soaps?
5 What sort of food should you eat?
6 How will this get you sympathy?

libre   free
créer   to create, be creative
déranger   to disturb
feuilleton (m)   soap opera
enregistrement (m)   recording
montrer   to show

2 Ils ont mal – en code. Complétez les phrases.

Alphabet	Code	Alphabet	Code
a	♋	m	◯
à	→	n	■
b	♌	o	□
c	♍	p	▢
d	♎	q	▢
e	♏	r	▢
ê	♂	s	◆
f	♐	t	◆
g	♑	u	◆
h	♒	v	❖
i	♓	w	◆
j	ℰ	x	⊠
k	&	y	◹
l	●	z	⌘

Exemple: **1** mal à l'estomac

1 Hier, il a trop mangé. Aujourd'hui, il a ◯♋● → ●'♏◆□◯♋♍

2 Le mois dernier, elle a eu un accident de ski – aujourd'hui, elle a ◯♋● ♋◆ ♑♍■□◆

3 Ce matin, j'ai dû porter un sac à dos très lourd. Maintenant, j'ai mal ♋◆ ♎□◆

4 Hier, elle a mangé trop de choses sucrées. Aujourd'hui, elle a ◯♋● ♋◆⊠ ♎♏■◆◆

5 Hier, il a marché sur une bouteille cassée. Aujourd'hui, il a mal ◯◆ □♓♏♎

6 Le week-end dernier, elle a fait beaucoup de travail sur son ordinateur. Maintenant elle a mal ♋◆⊠ ◹♏◆⊠

7 Il y a deux heures, il a bu beaucoup de vin. Maintenant, il a mal → ●♋ ◆♂◆♏

8 Hier, il a beaucoup crié pour son équipe de football. Aujourd'hui, il a mal → ●♋ ♑□□♑♏

3 Qu'est-ce que vous avez fait pendant les vacances?
Travaillez avec un(e) partenaire. Qui fait la liste la plus longue? Inventez des idées surprises!
Exemple:

A (J'ai acheté un chien.)

B (Moi, j'ai acheté un chien et j'ai mangé des escargots.)

A (J'ai acheté un chien, j'ai mangé des escargots et j'ai écrit un roman . . .)

Ils sont allés où?

Skills and grammar in this unit
Pronunciation: *é, és, ée, ées* endings of past tense verbs; words beginning *r*
Topics
- leisure
- holidays and travel
- the French cosmonaut, Claudie Haigneré
- places in town
- the Tour Montparnasse in Paris

Revision
- *aller* with *en* and *à*
- numbers
- using the perfect tense with *être*

1

Qu'est-ce qu'ils ont fait hier? Liez les phrases et les dessins.
Exemple: **1   e**

a   Elle est restée dans sa chambre.
b   La directrice est entrée dans la salle de classe.
c   Il est descendu trop vite et il est tombé.
d   Elle est montée au sommet du Mont Blanc.
e   Ils sont arrivés en retard.
f   Elles sont allées à la discothèque.

GRAMMAR

A small but very useful group of verbs use *être* (not *avoir*) in the perfect tense. The meaning is the same as for the *avoir* verbs:

je suis arrivé   I have arrived, I arrived

Verbs using *être* are mostly verbs to do with movement, including: *aller* (to go), *venir* (to come), *monter* (to go up), *descendre* (to go down), *entrer* (to enter, go in), *sortir* (to go out), *arriver* (to arrive), *partir* (to leave, set off), *tomber* (to fall).

Unlike the verbs that use *avoir*, the past participle agrees with the subject:
il est allé   he went
elle est allée   she went
ils sont allés   they (m) went
elles sont allées   they (f) went

TIP

rester (to stay) is an *être* verb:
Elle est restée   She (has) stayed

Les vacances d'Alain et de Bernard: Épisode 7

louer to rent, hire
location (f) rent, hire
*VTT (m) = vélo tout
   terrain* mountain bike
blessure (f) injury
pas du tout not at all
colline (f) hill
plus tard later
à toute vitesse at top speed
*avec dix minutes de
   retard* ten minutes late

> Lundi: les désastres continuent!
> Après l'excursion désastreuse en voiture hier, aujourd'hui on a décidé de louer des vélos pour aller à la campagne. Nous sommes allés au centre de location et nous avons choisi des VTT. Après quelques minutes d'instruction, nous sommes partis! Cinq minutes plus tard, Bernard est tombé de son vélo. Pas blessé, heureusement, mais pas du tout content. Vers midi, je suis arrivé au sommet d'une colline. Un quart d'heure plus tard, Bernard est arrivé, très fatigué. J'ai pris une photo de la vue – magnifique – mais nous ne sommes pas restés longtemps – seulement quelques minutes. Nous sommes descendus à toute vitesse vers le village.
> Nous sommes allés au café pour prendre quelque chose à boire et à manger. Problème, c'était fermé. Nous avons mangé un peu de chocolat et nous sommes repartis. Mais ça a continué. Le vélo de Bernard est tombé en panne, un problème avec la chaîne. La réparation a pris une heure et demie! – et nous sommes repartis aussi vite que possible. Nous sommes arrivés au centre de location avec dix minutes de retard – fermé!
> Quelle journée catastrophique!

---

est tombé sont repartis
sont partis ont choisi
sont allés sont restés
sont retournés ont loué
est tombé sont descendus

---

2 Copiez et complétez ce résumé de l'excursion. Utilisez les expressions dans la case.
Alain et Bernard **1** .... des vélos pour faire une promenade à la campagne. Ils **2** .... au centre et ils **3** .... des VTT.
Ils **4** .... mais Bernard **5** ....
Ils **6** .... quelques minutes au sommet d'une colline, puis ils **7** .... pour trouver quelque chose à manger au café. Ils **8** .... mais le vélo de Bernard **9** .... en panne!
Quand ils **10** .... au centre de location, il était déjà fermé.

3 Vrai ou faux? Corrigez les phrases qui sont fausses.
1 Alain et Bernard ont loué des bicyclettes.
2 Ils sont allés à la plage.
3 Bernard et Alain sont tombés.
4 Ils sont restés longtemps au sommet de la colline.
5 Ils sont descendus lentement.
6 Ils sont entrés dans un café.
7 Ils ont beaucoup mangé à midi.

4 Imaginez que vous êtes Bernard. Préparez et écrivez votre version de l'excursion à vélo. Utilisez les mots dans la case.
Exemple: J'ai loué un VTT. ....

---

loué tombé arrivé mangé
rentré

Page voyage

Claudie Haigneré, voyageur dans l'espace

Claudie Haigneré
Née le 13 mai 1957
au Creusot (France)
Médecin spécialiste en
médecine aéronautique
Mariée, 1 enfant

Claudie Haigneré est cosmonaute française. Elle est aussi spécialiste en médecine aéronautique.

En 2001, Claudie est montée dans la fusée russe Soyouz, avec deux cosmonautes russes. Ils sont partis dans l'espace et après deux jours la fusée est arrivée à la station spatiale.

Les trois cosmonautes sont restés à la station spatiale, à 400km au-dessus de la Terre, pendant une semaine. Claudie a pris des photos de la Terre et elle a fait des expérimentations en biologie et en physique. Le but de son travail? Montrer les impacts du changement climatique.

Les trois cosmonautes sont redescendus sur la Terre le 31 octobre, sans problème.

Claudie Haigneré explique pourquoi elle est allée dans l'espace. Elle dit « La Terre a besoin de scientifiques. Je voudrais attirer les jeunes vers la science et la technologie. »

russe   Russian
au-dessus de   above
but (m)   aim, goal
attirer   to attract
scientifique (m/f)   scientist

5

Cherchez dans l'article un mot pour chaque définition. Les anagrammes sont dans la case.

| ERETR CMOSNATEUO SHPOOT EFUÉS |
| NESEAIM CAMPITS LEPORMÈB CEPAES |

Exemple: **1**   cosmonaute
1 Une personne, homme ou femme, qui voyage dans l'espace.
2 Un moyen de transport spatial.
3 Notre planète.
4 Résultats.
5 Difficulté.
6 Images.
7 Période de sept jours.
8 On y trouve les étoiles.

It sounds like this

With *être* verbs, the past participle changes spelling to agree with the subject, but the pronunciation remains the same.
So *allé, allée, allés, allées* have different spellings but they all sound the same.

Practise these: *sorties, venue, redescendus, sorti, sortis, restées.*

6 Composez au moins cinq phrases.

Claudie Haigneré		partie	le 21 octobre 2001
	est	revenue	le 31 octobre 2001
La fusée Soyouz		partis	10 jours dans l'espace
Les deux cosmonautes russes		restée	sans problème
	sont	restés	avec Claudie
			à la station spatiale

Exemple: La fusée Soyouz est partie le 21 octobre 2001.

7 Travaillez avec un(e) partenaire.
Claudie répond aux questions d'un(e) journaliste.
A pose les questions 1–3.
B pose les questions 4–6.

1 Madame Haigneré, quand est-ce que vous êtes partie dans l'espace?

> Je suis partie …

2 Vous avez voyagé avec qui?

> J'ai voyagé …

3 Vous êtes restée combien de jours dans l'espace?

> Nous sommes …

4 Qu'est-ce que vous avez fait pendant ce voyage?

> Nous avons …

5 Vous avez des enfants?
6 À votre avis, pourquoi est-ce que les voyages dans l'espace sont importants?

Maintenant enregistrez votre dialogue.

TIP

Remember: if the subject of the sentence is feminine (e.g. *Claudie, la fusée*), the past participle has an extra 'e'. If the subject is masculine plural (e.g. *les deux cosmonautes*), the past participle ends in 's'.

TIP

There are many verbs in French which can have 're' added to the front to mean 'again' – just as in English 're-do', 're-use', etc.
Elle est revenue.   She came back.

It sounds like this

French words beginning with 'r' must be pronounced with a stronger 'r' than in standard English.

Listen to these examples and practise them:
rester, redescendue, remonté, repartis.
Raymond est descendu, remonté, puis redescendu.

8

Monsieur Moche fait beaucoup d'erreurs. Écrivez des phrases correctes – échangez les parties **en gras**.

Exemple: **1**   Je suis allé à la poste et j'ai acheté des timbres.

1 Je suis allé **au cinéma** et j'ai acheté des timbres.
2 Je suis allé **à la plage** et j'ai fait du ski.
3 Je suis allé **à la piscine** et j'ai écouté de la musique.
4 Je suis allé **chez des copains** et j'ai acheté des provisions.
5 Je suis allé **au lit** et j'ai nagé.
6 Je suis allé **à la poste** et j'ai vu un très bon film.
7 Je suis allé **au supermarché** et j'ai dormi.
8 Je suis allé **aux États-Unis** et j'ai construit un château de sable.

9

Et vous? Vous êtes allé(e) où le week-end dernier? Qu'est-ce que vous avez fait?
Utilisez les idées de l'exercice 8. Vous pouvez aussi inventer des détails.
Préparez une présentation orale qui dure 30 secondes.
Commencez:

> Le week-end dernier, je suis allé(e) . . .

TIP

à means 'at' or 'to';
à in front of *le* becomes *au*:
au cinéma   to the cinema
à in front of *les* becomes *aux*:
aux États-Unis   to the USA

10

Montréal

Bruxelles

vallée du Rhin

Lisez et écoutez les descriptions. Ils sont allés où?
Exemple: **1**   en Belgique

1 J'ai parlé français avec les habitants. Ce pays est situé au nord de la France. Je suis allée dans la capitale et j'ai vu la Grand'Place et le Manekin Pis.
2 Nous avons fait un long voyage en avion pour voir ce pays. Il est situé au nord des États-Unis. On parle anglais, mais dans certaines régions on parle français.
3 Ce pays important de l'Europe est une île. Pour faire le voyage, je suis passé par un tunnel sous la mer.
4 J'adore ce pays parce que le climat est excellent et les plages sont superbes. Il y a beaucoup de villes intéressantes, par exemple, Malaga, Grenade et Séville.
5 Dans ce pays, on boit beaucoup de bière et on mange beaucoup de gâteaux. J'ai aimé la ville de Cologne et la vallée du Rhin.

en Angleterre	en Belgique
en Allemagne	en Espagne
au Canada	

TIP

'To' a country is *en* if the country is feminine, usually *au* if the country is masculine, and *aux* if it is plural.

11 📖 ✏️

1 Choisissez la forme correcte du participe passé (**en gras**).

It sounds like this

Accents make a difference! The letter 'e' with an acute accent (é) is not the same as 'e' with a grave accent (è).
Listen to these words and practise them:

mère, père, entré, allé, deuxième, dernière, arrivés, préfère.

a Henri est **entré/entrée/entrés/entrées** dans la cuisine.
b Sa sœur Mélanie est **arrivé/arrivée/arrivés/arrivées** quelques minutes plus tard.
c Leur mère demande, 'Pourquoi est-ce que vous êtes **rentré/rentrée/rentrés/rentrées** tard?
d Ils ont répondu: 'Nous sommes **allé/allée/allés/allées** aux magasins, maman'.
e 'Votre père est déjà **sorti/sortie/sortis/sorties** pour promener le chien.'

2 Liez les phrases et les dessins.

12 ✏️ 📖

Lisez les descriptions du présent. Choisissez un mot dans la case pour compléter les descriptions du passé.

Le présent	Le passé
Aujourd'hui, Marc arrive à 6 heures.	**1** Hier, il est *arrivé* à 7 heures.
Aujourd'hui, Monique monte au deuxième étage.	**2** Hier, elle est . . . . . au troisième étage.
Ce week-end, Henri et moi, nous sortons en voiture.	**3** Le week-end dernier, nous sommes . . . . . à vélo.
Cette semaine, M. et Mme Barrou vont à la piscine samedi.	**4** La semaine dernière, ils sont . . . . . à la piscine dimanche.
Cette année, notre professeur part en vacances en Italie.	**5** L'année dernière, il est . . . . . en Espagne.

arrivée sortis parti montée
sortie allées monté allés
sorti partis ~~arrivé~~ allée

Une journée dans la vie *de Jean-Claude –* *ingénieur à la Tour Montparnasse*

13 Écoutez Jean-Claude. Choisissez le numéro correct pour compléter les phrases.

1 On a commencé la construction de la Tour en . . . . . .
2 On a fini la construction de la Tour en . . . . . .
3 Nombre d'étages: . . . . . .
4 Hauteur de la Tour: environ . . . . . mètres.
5 Poids total de la Tour: . . . . . tonnes.
6 Nombre d'ascenseurs: . . . . . .
7 On peut monter au sommet en . . . . . secondes.

a 25
b 38
c 40
d 59
e 200
f 1969
g 1972
h 120 000

en plein air in the open air
le rez-de-chaussée ground floor
porter jusqu'à to reach to
peser to weigh
poids (m) weight
ascenseur (m) lift, elevator

14 Travaillez avec un(e) partenaire.
Jean-Claude parle avec un(e) touriste. Répondez aux questions tour à tour. Inventez les détails si vous voulez.

Touriste: Vous êtes monté au sommet de la Tour combien de fois?
Jean-Claude: Je suis monté . . .
Touriste: Il y a combien d'étages?
Jean-Claude: Il y a . . .
Touriste: Qu'est-ce qu'il y a au sommet?
Jean-Claude: Au sommet . . .
Touriste: Vous aimez votre travail?
Jean-Claude: . . . , parce que . . .
Enregistrez votre dialogue.

Test

Use this test to check what you have learnt in this unit.

1 Complétez ces phrases avec la partie correcte du verbe *être*. Choisissez un mot dans la case pour finir les phrases.   **[7]**
Exemple: **1**   est; France
1 Kylie . . . . . allée en . . .
2 Le train . . . . . parti il y a une . . .
3 Je ne . . . . . pas allé en vacances cette . . .
4 Est-ce que vous . . . . . monté jusqu'au . . . ?
5 Les ferries . . . . . arrivés au . . .
6 Est-ce que tu . . . . . tombé de ton . . . ?
7 Paul . . . . . venu à six . . .
8 Claudie et deux cosmonautes russes . . . . . partis le 21 . . .

> vélo sommet heures année
> France heure octobre port

2 Répondez en français.   **[4]**
Exemple: **1**   Je suis allé(e) à la piscine.
1 Vous avez nagé! Vous êtes allé(e) où?
2 Vous avez acheté des légumes! Vous êtes allé(e) où?
3 Vous avez mangé un bon repas! Vous êtes allé(e) où?
4 Vous avez vu le nouveau film policier! Vous êtes allé(e) où?
5 Vous avez parlé avec vos copains! Vous êtes allé(e) où?

3 Mettez chaque phrase en ordre. Commencez chaque phrase avec le mot **en gras**.   **[4]**
Exemple: **1**   Il est tombé de son vélo.
1 son tombé **Il** est de vélo.
2 jours tard **La** revenue fusée est dix plus.
3 **Nous** sommes café arrivés un devant.
4 pas restés ne sont longtemps **Ils**.
5 **Elle** montée fusée dans est la.

4 Écrivez des phrases.   **[5]**
Exemple: **1**   Hier, je suis allé(e) à la plage et j'ai nagé.
1 Hier – aller – plage – nager.
2 La semaine dernière – aller – supermarché – acheter des provisions.
3 Pendant le week-end – rester – maison – faire mes devoirs.
4 Hier – sortir – copain – jouer au foot.
5 Ce matin – arriver – collège – parler – copains.
6 Samedi dernier – mon chat – mourir – 12 ans.

Total points: 20

8

Tu t'es levé quand?

Skills and grammar in this unit
- using the perfect tense of reflexive verbs
- using superlatives to say 'the most . . . , the best'

Pronunciation: *ou, u*

Topics
- daily routine
- leisure activities
- hotel accommodation and facilities
- world population

Revision
- using reflexive verbs in the present tense
- using comparatives
- using *tu* and *vous*

1 Lisez et écoutez. Qui parle?

a

comme d'habitude   as usual
vers   at about
se dépêcher   to hurry, to rush
se coiffer   to do one's hair
se maquiller   to put on make up, make oneself up
coucher (m) du soleil   sunset
se peigner les cheveux   to comb one's hair

1 Lundi dernier, **je me suis levé à sept heures** comme d'habitude. **Je me suis lavé**, je me suis habillé. J'ai mis mes cahiers dans mon sac. J'ai travaillé toute la journée. Je suis rentré vers cinq heures et demie et j'ai fait mes devoirs. **Je me suis couché** vers dix heures.

2 Quand je travaille, **je me lève** très tôt car je dois arriver aux studios avant six heures. Hier j'ai travaillé, donc **je me suis levée** à quatre heures. Je n'ai rien mangé. Ensuite je suis sortie et **je me suis dépêchée** pour aller au travail. Arrivée aux studios à cinq heures, **je me suis coiffée** et **je me suis maquillée**. J'ai commencé le travail à six heures.

3 Pour moi, la routine est un peu différente. Il y a deux jours par exemple, **je me suis levé** le soir, après le coucher du soleil. **Je me suis peigné les cheveux** et **je me suis brossé les dents** – c'est très important, dans ma profession. Je suis sorti à minuit car moi, je travaille la nuit.

2 Comment dit-on en français? Trouvez dans le texte les expressions françaises.
Exemple: **1** je me suis levé à sept heures.

1 I got up at 7 o'clock.
2 I got washed.
3 I went to bed.
4 I rushed to get to work.
5 I did my make-up.
6 I combed my hair.
7 I brushed my teeth.

GRAMMAR

Remember that in the present tense, reflexive verbs are like other verbs except that they include a reflexive pronoun (*me, te, se, nous, vous*):
je me lève   I get up
elle s'habille   she gets dressed
nous nous réveillons   we wake up

To use reflexive verbs in the perfect tense, you need to remember three things:
1 Use *être*, not *avoir*:
*je me **suis** levé*   I got up
2 This means you have to make the past participle agree:
elle** s'est habillé**e   she got dressed
nous** nous sommes réveillé**s   we woke up
3 The reflexive pronoun goes just before the *être* part of the verb:
*je **me suis** levé*

Pronouns *te* and *se* shorten to *t'* and *s'* before the part of *être*:
Tu t'es réveillé quand il s'est levé.

Une journée dans la vie *d'un élève*

'Jean-François Lebel est un élève sérieux. Il travaille bien au collège. Il fait ses devoirs. Il n'aime pas être en retard.

Mais pour lui, hier, c'était très différent. Il raconte:

'Eh bien. Hier je me suis réveillé un peu en retard. Je me suis levé et je me suis douché et je me suis habillé en vitesse.

'Je n'ai rien mangé et je suis sorti de la maison. Je ne veux jamais arriver au collège en retard. Donc, je me suis dépêché.

'Chose bizarre, je n'ai pas vu mes copains de classe dans la rue.

'Je suis arrivé devant le collège. J'ai regardé ma montre. Huit heures et demie. Ouf! Je suis arrivé à temps!

'Mais – toujours personne! – qu'est-ce qui s'est passé?

'Soudain je me suis rendu compte! C'était dimanche! Je suis rentré à toute vitesse.

'Si mes copains découvrent ce qui s'est passé, ils vont se moquer de moi!'

---

chose (f) bizarre   strange thing
personne   (here) nobody
se passer   to happen
se rendre compte   to realise
se moquer de   to make fun of

---

3 📖 ✏️ 🎧   Lisez et écoutez l'histoire de Jean-François. Puis copiez et complétez les phrases avec *est* ou *s'est*.
1 Jean-François . . . . levé à huit heures moins le quart.
2 Il . . . . habillé rapidement et il . . . . sorti de la maison.
3 Il . . . . dépêché pour ne pas être en retard.
4 Quand il . . . . arrivé devant le collège, il . . . . rendu compte de son erreur.
5 Il . . . . rentré à la maison.

4 📖 ✏️
1 Écrivez les phrases dans l'ordre correct.
2 Ajoutez l'heure appropriée: choisissez dans la case. Utilisez toutes les expressions.
  a Il a regardé sa montre à . . .
  b Jean-François s'est levé à . . .
  c Il est sorti de la maison à . . .
  d Il s'est dépêché pour rentrer chez lui à . . .
  e Il s'est rendu compte de son erreur à . . .
  f Il s'est habillé à . . .

---

huit heures et demie
huit heures moins le quart
huit heures moins cinq
neuf heures moins vingt
huit heures et quart
neuf heures moins vingt-cinq

---

5 💬   Imaginez que vous êtes, par exemple, un footballeur professionnel, le premier ministre, votre prof de français . . .
Qu'est-ce que vous avez fait hier?
Préparez une présentation orale (30 secondes) de votre routine. Inventez les détails si vous voulez.
Commencez: 'Hier, j'ai . . .'

Les vacances d'Alain et de Bernard: Épisode 8

1 Bernard, ça se passe bien dans ce gîte? Qu'est-ce que vous avez fait aujourd'hui?

Ce matin nous nous sommes levés très tard. Après le petit déjeuner, je me suis reposé au jardin. Il a fait plus beau qu'hier. J'ai lu un peu et je me suis baigné dans la piscine. Alain s'est endormi sur l'herbe.

2 Vous mangez comme il faut?

Oui maman, nous avons bien mangé à midi. J'ai préparé une pizza et de la salade.

3 Très bien. Vous êtes sortis aujourd'hui?

Oui, cet après-midi nous nous sommes promenés à la campagne.

4 Bon. Et tu n'oublies pas de te doucher, de te raser tous les matins . . . ?

Non, maman! Je me suis douché et rasé tous les matins, je me suis lavé, je me suis peigné . . . Je suis parfaitement propre! Ne t'inquiète pas, maman!

se passer bien   to go well
s'endormir   to fall asleep
se raser   to shave

It sounds like this

When listening to this dialogue, take particular note of the difference in sound between *ou* and *u*: *vous, nous, plus, lu, une, tu, oublies, tous, douché*. These are the sounds that English speakers often find difficult and so they need lots of practice.

TIP

Remember the two words for 'you' are *tu* and *vous*. Notice that Alain and Bernard's mother uses *tu* to Bernard **unless** she is referring to both boys.

6 Écoutez et lisez le dialogue. Remplacez les mots **en gras** avec le sens contraire.
Exemple: **1**   Ça se passe **bien**.
1 Ça se passe **mal**.
2 Nous nous sommes levés très **tôt**.
3 **J'ai travaillé** au jardin.
4 Il a fait **moins** beau qu'hier.
5 Alain **s'est réveillé**.
6 Vous mangez **mal**?
7 Tu **oublies** de te doucher.
8 Je suis **très sale**!

7
1 Faites une liste des 11 exemples de verbes réfléchis différents dans la conversation.
Exemple: ça se passe
2 Quel est le sens de chaque verbe?
3 Combien des verbes sont au passé composé?
4 Combien des verbes sont au présent?
5 Combien des verbes sont à l'impératif?

8 Copiez et complétez ces phrases avec la forme correcte du verbe réfléchi au passé composé.
Exemple: **1**   Les deux garçons se sont levés tard.
1 Les deux garçons [se lever] tard.
2 Bernard [se reposer] au jardin.
3 Il [se baigner] dans la piscine.
4 Pendant l'après-midi, les deux garçons [se promener].
5 Leur mère [s'inquiéter] de ses fils.

9

Travaillez avec un(e) partenaire.
Tour à tour, imaginez que vous êtes Bernard. Répondez aux questions de votre mère.

1 Ah, Bernard, c'est toi. Est-ce que tu t'amuses là-bas?

2 Il fait quel temps?

3 Tu t'es levé de bonne heure aujourd'hui?

4 Qu'est-ce que tu as fait ce matin?

5 Qu'est-ce que tu as fait cet après-midi?

Répétez (et enregistrez) ce dialogue avec votre partenaire.

de bonne heure   early

10

Formez des phrases logiques. Trouvez les paires.

1 Bernard a parlé   a couché de bonne heure.
2 Ils sont   b tard.
3 Ils se sont levés   c avec sa mère.
4 Il a fait   d très beau aujourd'hui.
5 Bernard est   e à la campagne.
6 Ils se sont promenés   f resté au lit.
7 Il s'est   g restés au gîte.

GRAMMAR

Do you remember how to form the imperative?
You use the *tu* part of the verb (without the final 's' in *-er* verbs): *Viens ici! Range ta chambre!*
Or use the *vous* part: *Venez ici! Rangez votre chambre!*

To make an imperative with a reflexive verb, you need to:
• use the *tu* or *vous* part, in the same way as for other verbs
• add a hyphen and a pronoun afterwards (*vous*, or *toi* for the *tu* form):
Réveille-toi! Réveillez-vous! Wake up!
Lave-toi! Lavez-vous!   Get washed!

If you want to tell someone **not** to do something, add *ne . . . pas* and keep the parts of the verb the usual way round – but still drop the 's' in the *tu* form:
Ne *te lève* **pas! Ne** *vous levez* **pas**!   Don't get up!

Réveillez-vous!   Dépêche-toi!
Lave-toi!   Habille-toi!
Ne vous disputez pas!
Peignez-vous!
Ne t'inquiète pas, chéri.

11

Qu'est-ce qu'elle dit à Bernard? Qu'est-ce qu'elle dit aux deux garçons? Trouvez les expressions correctes dans la case.
Exemple: Bernard, habille-toi!

1 Il est midi et Bernard ne s'est pas habillé!
2 Bernard a le visage et les mains sales.
3 Le café va fermer et Bernard marche très lentement.
4 Alain et Bernard ont les cheveux en désordre.
5 Alain et Bernard se disputent.
6 Il est dix heures du matin et Alain et Bernard dorment.
7 Bernard est très inquiet.

Page voyage

Les Rochers

- ► Hôtel-restaurant situé directement face à la mer. Cuisine de qualité.
- ► Spécialité de fruits de mer.
- ► Parking.
- ► Hôtel entièrement rénové pour cet été.
- ► Club d'enfants animé. Conseillé aux familles.
- ► 150 chambres. Prix des chambres à partir de €130 par jour.

L'Armoric

- ► Petit hôtel tranquille, situé dans un parc boisé à 2 kilomètres de la plage.
- ► Restaurant renommé.
- ► Piscine chauffée.
- ► 25 chambres.
- ► Parking privé.
- ► Prix des chambres entre €140 et €150 (selon la saison).

Hôtel Ville Verte

- ► Hôtel traditionnel au cœur de la ville. 35 chambres tout confort. Sans restaurant.
- ► Parking public à proximité.
- ► Cadre reposant.
- ► À 20 minutes de la plage.
- ► Prix des chambres à partir de €75.

12 Vous travaillez dans une agence de voyages. Choisissez l'hôtel idéal pour ces clients.

1 Monsieur et Madame Dodou ont un budget limité. Ils veulent passer des vacances dans un hôtel tranquille. Ils n'ont pas de voiture.
2 Monsieur et Madame Actiflex ont deux enfants qui adorent nager dans la mer. Ils préfèrent un hôtel plus moderne.
3 Monsieur et Madame Pédant cherchent un hôtel à la campagne qui n'est pas trop grand. Ils pensent que la qualité est plus importante que le prix.

13 Écoutez ces six personnes. On parle de quel hôtel? Les Rochers (**R**) ou Hôtel Ville Verte (**V**)?
Exemple: **1   R**

14 Travaillez avec un(e) partenaire. Parlez des trois hôtels.
Exemple:

A 'Les Rochers' est plus moderne que l'Hôtel 'Ville Verte'.

B 'L'Armoric' est plus petit que l'Hôtel 'Ville Verte'.

Pour vous aider

plus   grand/petit calme/animé
moins   près de la ville/près de la mer

fruits (mpl) de mer seafood
conseillé recommended
à partir de from
boisé wooded
renommé famous
cadre reposant relaxing surroundings

GRAMMAR

To make comparisons, use:
- *plus* (more) + adjective + *que* (than).
  L'hôtel 'Les Rochers' est plus grand que l'Hôtel 'Ville Verte'.   The hotel 'Les Rochers' is bigger than Hôtel 'Ville Verte'.
- *moins* (less) + adjective + *que* (than):
  L'Hôtel 'Ville Verte' est moins grand que 'Les Rochers'.   Hôtel 'Ville Verte' is smaller than 'Les Rochers'.

The adjective must always agree with the noun.

To say 'better', use *meilleur* (making it agree):
Ma voiture est meilleure que ton vélo.   My car is better than your bike.

GRAMMAR

To say 'the most/least' (the superlative), you need to use *le / la / les plus / moins* + adjective:

*Le football est le sport **le plus intéressant**.*   Football is the most interesting sport.

*La lecture est le passe-temps **le moins amusant**.*   Reading is the least fun hobby.

The adjective must always agree with the noun:

*Les chiens sont les animaux les plus intelligen**ts**.*   Dogs are the most intelligent animals.

*L'anglais est la matière la moins ennuyeu**se**.*   English is the least boring subject.

To say 'the best', use *le / la / les meilleur(e)(s)*:

*Le football est le **meilleur** sport du monde.*   Football is the best sport in the world.

*Spurs est la **meilleure** équipe.*   Spurs is the best team.

*Les **meilleurs** joueurs sont français.*   The best players are French.

---

ou ... ou   either ... or
doué   gifted, talented
épinards (mpl)   spinach
à ton avis   in your opinion

---

15  Changez les phrases pour donner votre opinion. Remplacez:
ou les mots <u>soulignés</u>
ou l'adjectif **en gras**.
Exemple: **1**   <u>L'informatique</u> est la matière la plus difficile.
La biologie est la matière la plus ***intéressante***.

1 <u>La biologie</u> est la matière la plus **difficile**.
2 <u>La géographie</u> est la matière la plus **intéressante**.
3 <u>Michael Owen</u> est le footballeur le plus **doué**.
4 <u>Les épinards</u> sont les légumes les plus **délicieux**.
5 <u>Le tennis</u> est le sport le plus **fatigant**.
6 <u>Britney</u> est la **meilleure** chanteuse.
7 <u>Le vélo</u> est le moyen de transport le moins **cher**.
8 La voiture la plus **rapide** est <u>une Volvo</u>.

16

1 Posez ces questions à **dix** autres membres de la classe. Notez leurs réponses.

> À ton avis, qui est le footballeur le plus doué?

> Quel est le meilleur film du monde, à ton avis?

2 Comptez les réponses. Quelles sont les réponses les plus populaires?

17   Écoutez ces annonces dans un hypermarché. On mentionne quel produit? Trouvez la lettre pour chaque annonce **1–3**.

18   Écoutez encore une fois. Complétez les phrases.
Exemple: **1** N'oubliez pas
Annonce 1
1 N'∗∗b∗∗∗∗ p∗∗
2 L∗ p∗∗∗ d∗l∗∗∗∗u∗
3 L∗ m∗∗l∗e∗∗e q∗∗l∗t∗
Annonce 2
4 Pl∗∗ f∗a∗s ∗t m∗∗ns c∗e∗
Annonce 3
5 L∗s p∗∗s g∗∗∗∗es qu∗∗t∗∗és
6 B∗v∗z b∗∗n p∗∗r m∗∗∗s

Population

Le boom de la génération 15–24

Sur la Terre maintenant, la génération des jeunes (entre quinze et vingt-quatre ans) est la plus nombreuse de l'histoire.

Le boom le plus grand est dans les pays les plus pauvres du monde, en Inde et en Afrique, par exemple. Dans ces pays, les familles sont plus nombreuses mais les habitants sont plus pauvres. Dans les pays les plus riches, les familles sont généralement plus petites. Dans ces pays aussi les gens vivent plus longtemps parce que la vie est moins difficile. Donc la population du monde devient plus grande et plus déséquilibrée.

19 Lisez et écoutez l'article. Liez le français et l'anglais.

1 nombreux/nombreuse
2 habitants
3 vivre
4 plus longtemps
5 devenir
6 déséquilibré
7 pauvre

a to become
b poor
c large in number
d to live
e for longer
f inhabitants
g unequal/unbalanced

20

1 Faites une liste de toutes les expressions avec *plus* ou *moins* dans cet article.
Exemple: la plus nombreuse
2 Traduisez les expressions en anglais.

21 Copiez et complétez avec *plus* ou *moins*.
Exemple: **1** Dans les pays pauvres, le boom est plus grand.
1 Dans les pays pauvres le boom est . . . . . grand.
2 En Inde, les familles sont . . . . . nombreuses et les habitants sont . . . . . riches.
3 En Europe, les familles sont généralement . . . . . nombreuses qu'en Afrique.
4 En Europe les habitants vivent . . . . . longtemps.
5 La vie dans les pays pauvres est . . . . . difficile.

22 Qu'est-ce qu'il faut faire? C'est une des questions les plus importantes pour tout le monde. Voici quelques idées.
Qu'est-ce que vous pensez? Mettez les idées en ordre d'importance.
a Il faut partager notre nourriture.
b Il faut donner plus d'argent aux pays les plus pauvres.
c Il faut limiter les familles.
d Il faut accepter plus d'immigrés dans les pays les plus riches.

TIP
il faut + infinitive, means:
It is necessary (to) . . .
We must . . .

23 Comparez votre liste avec les listes des autres membres de la classe.
Exemple:
A Pour moi, **a** est l'idée la plus importante.
B Non, pour moi, la plus importante, c'est **d**. Et toi?
C Moi, je trouve que . . .

Test

Use this test to check what you have learnt in this unit.

1 Écrivez ces phrases correctement. **[5]**
1 Jemesuislevéàsixheuresetdemieaujourd'hui.
2 Ilssesontbienamusésenvacances.
3 Ilnesestpasbaignédanslapiscine.
4 Vousvousêtescouchésversonzeheures.
5 Jemesuispeignélescheveux.

2 Trouvez les paires. Il faut être logique! **[5]**
1 À dix heures et demie du matin
2 À midi
3 À minuit
4 À neuf heures et demie du matin
5 À trois heures de l'après-midi
   a je me suis couché.
   b je me suis promené au soleil.
   c je me suis réveillé.
   d je me suis douché et je me suis habillé.
   e je suis allé au restaurant pour le déjeuner.

3 Remplissez les blancs avec la forme correcte du verbe au passé composé. **[10]**
1 Henri [se lever] à 6 heures.
2 Les garçons [se reposer] avant de sortir.
3 Hélène [s'habiller].
4 'Est-ce que tu [se baigner] dans la mer, Catherine?'
5 Nous [se coucher] tôt hier parce que nous étions fatigués.

4 Complétez chaque phrase avec une expression de la colonne A et une expression de la colonne B. Utilisez chaque expression une fois. **[10]**

	A	B
1 Céline Dion est	les plus chers	du monde.
2 Il a mangé dans les restaurants	les meilleurs	et les plus dangereux.
3 L'Inde est un des pays	la chanteuse	de Paris!
4 Les footballeurs français ne sont pas	les plus rares	la plus célèbre du Canada.
5 Le tigre est un des chats	les plus pauvres	de l'Europe.

Total points: 30

Unité 9 Ça va! (3)

L'homme fusée

Fusée prototype dans le jardin de Brian Walker.

L'ingénieur américain Brian Walker a une obsession. Il désire fabriquer une fusée et voyager dans l'espace!
Il a transformé son jardin en base de fusée.
Il a complété une fusée prototype.
Dans sa fusée, Brian espère monter à une hauteur de quarante-huit kilomètres!
Si tout se passe bien le voyage aller-retour va durer environ quinze minutes seulement.

DANS L'ESPACE, ON RONFLE MOINS FORT

Les médecins de la NASA ont fait une découverte sensationnelle! Les hommes ronflent moins dans l'espace! On a trouvé que les ronflements sur Terre sont plus forts que dans l'espace. On ne sait pas pourquoi!

QUEL CRÉTIN A DIT À MA FEMME: "L'HOMME RONFLE MOINS EN ORBITE"?

Une tartine de météo?

L'anglais Robin Southgate a inventé le 'toaster-météo'! Le matin il se lève mais – quoi porter? Est-ce qu'il va pleuvoir? Est-ce qu'il va faire froid ou chaud? Il consulte la météo. Est-ce qu'il écoute la radio? Non. Est-ce qu'il regarde la télé? Non. Il prépare son petit déjeuner! Oui, il met deux tranches de pain dans son 'toaster' électrique. Quelques moments plus tard, les toasts sortent. Il y a des symboles météorologiques sur le toast!! Un soleil – il va faire beau, un nuage – il va pleuvoir. Le secret? Son 'toaster' est relié à une station météorologique par Internet!

1 Answer the questions.
1 Where does Brian Walker want to go?
2 How far will he travel and how long will his journey last?

2 Answer the questions.
1 Why does Robin Southgate not get dressed first thing in the morning?
2 What is special about his toaster?
3 How does it work?

3 Answer the questions.
1 What is noisier and lasts longer on earth?
2 Who made this discovery?

hauteur (f) height
durer to last
aller-retour there and back, return
environ about, roughly
pleuvoir to rain
tranche (f) slice
ronfler to snore
ronflement (m) snoring
tartine (f) buttered slice of bread

Pour rire!

ASCENSEUR

ASCENSEUR

Une vieille dame s'approche du liftier de la Tour Eiffel.
Elle lui dit: 'S'il vous plaît, monsieur, ne conduisez pas trop vite!'

Qu'est-ce qui est vert et qui monte et descend?
Un petit pois dans un ascenseur.

Dans un hôtel, le liftier voit arriver un éléphant devant son ascenseur.
Le liftier dit, 'S'il vous plaît, Monsieur Éléphant, vous pouvez monter en deux voyages?'

liftier (m)   lift attendant
conduire   to drive
petit pois (m)   pea
chauve   bald

4

Est-ce que c'est logique? Écrivez *logique* ou *impossible*.

Exemple: **1**   impossible

1 L'homme chauve s'est brossé les cheveux.
2 La personne la plus petite de notre classe est aussi la moins grande.
3 Mon frère est moins stupide que moi mais je suis plus intelligent que lui.
4 Le chat qui gagne le premier prix est plus beau que les autres.
5 Dans les familles nombreuses il n'y a pas beaucoup d'enfants.

Unité 10
Qu'est-ce qu'on va faire?

Skills and grammar in this unit
- using a range of different tenses to make yourself understood clearly
- listening for gist

Pronunciation: *s* at the end of words; *je, j'ai; je fais, je vais, j'ai fait*

Topics
- leisure activities
- sports and hobbies
- daily routine
- New Year resolutions
- future plans
- holiday activities
- food
- the work of a chef

Revision
- the present tense
- the perfect tense
- referring to the future using *aller* + infinitive
- *jouer à, jouer de*

1

Regardez les images. Choisissez les phrases correctes.
Exemple: **1   c**

a Elle va sauter.
b Ils vont jouer au foot.
c Il va manger.
d Elle nage.
e Elle va nager.
f Il mange.
g Elle saute.
h Ils jouent au foot.
i Il dort.
j Il va dormir.

2

Copiez les phrases. Remplissez les blancs marqués . . . . . et trouvez dans la case le mot le plus logique pour remplir les blancs marqués **[?]**.
Exemple: **1**   Je *vais* faire des *courses* cet après-midi.

1 Je . . . . . faire des **[?]** cet après-midi.
2 Nous . . . . . partir en vacances en **[?]**.
3 **[?]**! Tu . . . . . tomber!
4 Mes **[?]** . . . . . organiser une boum.
5 **[?]** équipe . . . . . gagner sans doute.
6 Aujourd'hui les **[?]** . . . . . fermer à 18h00.
7 Je . . . . . mettre mon pull **[?]**.
8 Ma copine . . . . . porter une **[?]** longue.

GRAMMAR

Remember that to refer to the future you can use the verb *aller* with the infinitive of any other verb. It's important to use the correct part of *aller*:

je vais tu vas il va elle va on va nous allons vous allez ils vont elles vont	+ infinitive

Je vais jouer au tennis.   I am going to play tennis.
Elle va rester au lit.   She is going to stay in bed.
Il va prendre le déjeuner.   He is going to eat lunch.

| août magasins robe courses |
| amies brun Attention Notre |

3 Qu'est-ce qu'ils vont faire? Écrivez des phrases.
Exemple: **1**   Il va jouer au foot.

aller à la pêche
manger du gâteau
jouer au foot
faire du karaté
passer un examen
prendre le bus

It sounds like this

Remember to sound the 's' on *nous* in the phrase *nous allons*. This is because the next word starts with a vowel. Normally, of course, the 's' on the end of *nous* is silent.

Look at these phrases: where will the 's' on *nous* be sounded?
Nous faisons, nous allons, nous oublions, nous jouons.
Nous allons voir un film – et vous? Nous jouons au foot.

TIP

Remember that in French you can use *on* instead of *nous*:
On va manger au restaurant.
   We are going to eat in a restaurant.

4 Écoutez les cinq conversations.
Pour chaque conversation, trouvez un titre approprié.
a   le cours de chimie
b   l'examen de musique
c   Sophie et ses petits amis
d   je déteste les voyages en voiture
e   des vacances au soleil
f   une visite chez mes grands-parents
g   un film d'horreur
h   un voyage désagréable

5 La semaine prochaine, un(e) ami(e) va passer le week-end chez vous. Qu'est-ce que vous allez faire? Écrivez au moins cinq phrases.
Exemple: On va manger au restaurant. Nous allons aller au cinéma.

Adrien

Aujourd'hui, je me suis réveillé à sept heures.
Je me suis habillé et j'ai mis un jean et un sweat.
J'ai quitté la maison à sept heures dix.
Je suis arrivé chez le marchand de journaux où je travaille.
J'ai distribué des journaux pendant quarante minutes.
Je suis rentré à la maison où j'ai pris mon petit déjeuner.

Brigitte

Normalement en semaine, je me réveille à sept heures et demie.
Je m'habille et je mets une chemise et un pantalon.
Je prends le petit déjeuner dans la cuisine.
Je finis mes devoirs puis je quitte la maison à huit heures.
J'arrive à l'école à huit heures et demie.
Je bavarde avec mes amis avant le commencement des cours.

Christian

Dans deux semaines, je vais partir en vacances.
Chaque jour je vais me réveiller vers onze heures.
Je vais me lever vers midi.
Je vais m'habiller et je vais mettre un short et un T-shirt.
Je vais prendre le petit déjeuner au bord d'une piscine.
Je vais écouter des CD et téléphoner à mes amis.
J'adore les vacances!

6 📖 Lisez les textes. Qui . . . ?

Exemple: **1** Adrien

1 parle du passé?
2 parle de l'avenir?
3 parle du présent?
4 aime la musique?
5 parle de son temps libre?
6 parle de son travail?

7 📖 Regardez les textes. Trouvez les équivalents français:

Exemple: **1** je vais m'habiller

1 I'm going to get dressed
2 I chat
3 I put on (in the past)
4 I'm going to listen
5 I woke up
6 I delivered
7 I left
8 I leave
9 I'm going to set off

8 💡 Écoutez les phrases 1–9. Passé, présent ou futur? Écrivez **PA**, **PR** ou **F**.

Les résolutions du premier janvier

9 🎧📖 Écoutez Ahmed, Fatima, Annick et Julie. Ils ont pris des résolutions pour le nouvel an.
Lisez les phrases. Est-ce que vous les entendez? Notez *oui* ou *non*.

Ahmed
1 J'ai décidé
2 Je vais décider
3 Je vais réussir

Fatima
4 Je passe
5 Je vais bavarder
6 J'ai bavardé

Annick
7 J'ai dit
8 Je vais mettre

Julie
9 J'ai passé
10 Je vais passer

10 🎧📖 Écoutez encore. Identifiez: Qui . . . ?
Exemple: **1** Fatima
1 a parlé beaucoup au téléphone?
2 a essayé d'arrêter de fumer?
3 va aller en vacances?
4 va écrire un journal intime?
5 a trop mangé?
6 veut recevoir une nouvelle voiture?

11 💡📖 Lisez ces phrases et écoutez. Faites attention! Qu'est-ce que vous entendez? Notez la lettre.
Exemple: **1   e**

a nous avons
b nous allons
c tu vas

d je fais
e je vais
f j'ai

g j'aime
h tu as

12 💬 Qu'est-ce que vous avez fait hier? Qu'est-ce que vous faites aujourd'hui? Qu'est-ce que vous allez faire demain? Préparez une petite présentation (six phrases au minimum).
Exemple:

> Hier, j'ai joué au tennis avec mon frère. Aujourd'hui je travaille à l'école. Demain, je vais aller à la patinoire.

Page voyage

13 🎧
Écoutez Ahmed, Julie, Fatima, Yves et Annick. Ils parlent de leurs vacances idéales.
Qui mentionne ces choses? Écrivez le nom.
Exemple: **1** Ahmed

14 🎧 📖
Écoutez encore une fois et lisez les phrases ci-dessous.
Identifiez les phrases que vous entendez.
Notez **a** ou **b**.
Exemple: **1** **a**

Ahmed
1 a J'ai fait un stage de delta-plane.
   b Je fais un stage de delta-plane.

Julie
2 a Normalement j'ai fait du camping avec ma famille.
   b Normalement je fais du camping avec ma famille.
3 a J'ai fait du parachutisme.
   b Je fais du parachutisme.

Fatima
4 a Moi, je passe mes vacances au bord de la mer.
   b Moi, je vais passer mes vacances au bord de la mer.
5 a Nous avons fait des randonnées.
   b Nous allons faire des randonnées.

Yves
6 a D'habitude je vais faire des randonnées.
   b D'habitude j'aime faire des randonnées.
7 a On va quitter le Kent vers 11 heures du matin.
   b On a quitté le Kent vers 11 heures du matin.

Annick
8 a J'ai fait un stage de snowboard.
   b Je fais un stage de snowboard.

15 📖
Read the adverts and answer the questions in English.
1 How long does the kayak trip last?
2 Why is there no price reduction on the kayak trip for a child under twelve?
3 What activities can you do at the École Albert Camus apart from tennis and water skiing?
4 Is the École Albert Camus open for activity holidays in July?

GORGE DE L'ARDÈCHE
Descente de la rivière en kayak

Amusez-vous à la découverte de la nature
Deux heures inoubliables pour découvrir!
Âge minimum: 13 ans
Tarif: €50 par personne
Renseignements et réservations:
Tél. 02 86 78 67 45
Stages pour les 13–17 ans

Ski nautique – équitation – planche à voile – tennis

Du 01 août au 03 septembre
De 9h 00 à 12h 00 et de 14h 00 à 17h 30
€15 par heure
Accueil: École Primaire Albert Camus
Tél: 02 68 45 96 57
Activités pour toute la famille!

16 ✏️
Dessinez un poster pour une activité sportive.
Mentionnez:
• l'activité
• c'est pour qui? – enfants? adultes? tous?
• dates, jours
• combien d'euros par jour, par personne, par heure

Les vacances d'Alain et de Bernard: Épisode 9

17 Écoutez Alain et Bernard. Ils mentionnent quelles activités? Notez les lettres.

18 Écoutez Alain et Bernard encore une fois. Est-ce que vous entendez ces verbes? Notez *oui* ou *non*.

1 nous avons fait
2 j'ai fait le tour
3 nous avons dîné
4 je vais aller
5 on a dansé
6 nous nous sommes bronzés
7 j'ai visité
8 nous sommes allés

GRAMMAR

If you want to use the negative when you are referring to the future, you use *ne . . . pas*, as in the present and past.
Put *ne* in front of the part of *aller* and *pas* after it:
*Je **ne** vais **pas** manger un sandwich.*   I'm **not** going to eat a sandwich.
*Je **ne** vais **pas** acheter un CD.*   I'm **not** going to buy a CD.

---

19 Qu'est-ce qu'on va faire pendant les vacances? Interviewez un(e) partenaire.

• Avant de commencer, devinez les réponses probables de votre partenaire.
• Notez vos idées.
• Puis posez les questions et notez les réponses.
• Si vous avez deviné correctement, vous gagnez un point par réponse.

Exemple: **A** ⟨ Est-ce que tu vas faire de la natation? ⟩

B ⟨ Non, je ne vais pas faire de la natation. ⟩

TIP

Remember to use *jouer **à*** when you are talking about playing a game or sport, and *jouer **de*** when you are talking about playing an instrument:
*Il joue **au** rugby. Il joue **du** violon.*

Pour vous aider

faire de la natation
se bronzer
visiter des sites historiques
faire du shopping
jouer du violon
visiter un parc d'attractions
acheter des souvenirs

faire les devoirs
faire du delta-plane
jouer au hockey
regarder la télévision
faire du bricolage/jardinage
lire un livre d'aventure
lire des magazines

Une journée dans la vie *de Didier Henri – chef de cuisine*

Didier parle de son travail.

20 Écoutez Didier Henri.

Joignez les phrases pour donner le sens du passage.

Exemple: **1   b**

1 Il a passé	**a** depuis douze ans.
2 Il a appris	**b** trois ans à Perpignan.
3 Il habite près de Dinard	**c** l'école à seize ans.
4 L'auberge a	**d** 26 places.
5 Le restaurant a	**e** tous les matins au marché.
6 Didier va	**f** téléphoner à ses fournisseurs.
7 Aujourd'hui il a acheté	**g** des fruits de mer.
8 Ce soir il va	**h** cinq chambres.
	i la cuisine traditionnelle française.

fournisseurs (mpl)   suppliers
plat (m)   dish
bœuf (m) hâché   minced beef
maïs (m)   sweetcorn
farine (f)   flour
crème (f) anglaise   custard
pâtes (fpl)   pasta

21 Lisez. Liez les bulles et les plats.

1 *J'ai pris des œufs, du bacon, des champignons, des tomates, et des haricots à la sauce tomate.*

2 *J'ai pris du bœuf hâché, des oignons, des fines herbes et beaucoup de pommes de terre.*

3 *J'ai acheté du pain, du thon, de la mayonnaise et du maïs.*

4 *J'ai apporté de la farine, du lait, du beurre, des œufs, du jambon et des fines herbes.*

5 *J'ai acheté des petits gâteaux, de la gelée, des fraises, de la crème anglaise et beaucoup de crème.*

6 *J'ai pris des pâtes, du bœuf hâché, des oignons, des tomates et des fines herbes.*

a un 'trifle' anglais

b une quiche lorraine

c une pizza

d un petit déjeuner anglais

e une soupe aux fruits de mer

f du 'shepherd's pie'

g un sandwich au poisson

h des spaghettis à la bolognaise

22 Travaillez avec un(e) partenaire.

Tour à tour, répondez aux questions.

Exemple: **1**

Je vais faire du volley.

1 Vous adorez le sport.
  - Qu'est-ce que vous allez faire pendant les vacances?

2 Vous n'aimez pas le sport.
  - Qu'est-ce que vous allez faire le week-end prochain?
  - Qu'est-ce que vous n'allez pas faire?

3 Vous êtes végétarien(ne).
  - Qu'est-ce que vous allez manger ce soir?
  - Qu'est-ce que vous n'allez pas manger?

Test

Use this test to check what you have learnt in this unit.

1 Connaissez-vous ces expressions? Liez les mots et les dessins. **[8]**

Exemple: **1   g**

1 lire
2 écouter de la musique
3 nager
4 faire les devoirs
5 aller à une boum
6 distribuer des journaux
7 se réveiller
8 écrire un journal intime
9 faire de l'alpinisme

2 Écrivez ces phrases: **a** dans le passé, **b** dans le futur.   **[10]**
Exemple: **1   a** J'ai fait la vaisselle hier. **b** Je vais faire la vaisselle demain.

1 Je fais la vaisselle.
2 Je prends le petit déjeuner.
3 Je parle avec mes amis.
4 Je pars en vacances.
5 Mon frère va au cinéma.
6 Mes amis jouent au tennis.

3 Faites des paires pour donner des phrases. Ensuite, traduisez les phrases en anglais.   **[10]**
Exemple: **1   c**   They won't go to the market.

1 Elles ne vont
2 Je ne
3 Mon copain ne
4 Tu
5 Je ne vais plus
6 Les visiteurs ne

   a vont pas prendre le car.
   b ne vas pas écouter la musique.
   c pas aller au marché.
   d vais jamais faire mes devoirs.
   e va pas laver la voiture.
   f parler avec Sylvie.

Total points: 28

On pense à l'avenir

Skills and grammar in this unit
- using 'time' expressions
- using infinitives to talk about hopes and intentions

Pronunciation: *tion; en, on*

Topics
- sports and hobbies
- looking for a job
- future plans
- the work of a long-distance lorry driver
- world issues
- life in a French-speaking country in Africa

Revision
- weather
- making comparisons
- expressing opinions
- numbers

1

Lisez les intentions de ces personnes. Liez l'intention et le dessin.
Exemple: **1 f**

1 (Je compte prendre le train à dix heures vingt.)

2 (J'espère recevoir un nouveau vélo demain.)

3 (J'ai l'intention de quitter la maison l'année prochaine.)

4 (J'ai envie de visiter toutes les grandes villes d'Europe dans ma vie.)

5 (Moi, j'ai l'intention de devenir membre d'un club de judo.)

6 (Je compte gagner de l'argent pour mes vacances.)

7 (Moi, j'espère apprendre une langue orientale.)

8 (Et moi, j'ai envie d'acheter une nouvelle paire de bottes en cuir.)

9 (Moi, j'ai envie d'apprendre la musique – de jouer du clavier.)

GRAMMAR

You already know how to refer to the future using
aller + infinitive.
Here are some other ways of referring to the future:
avoir l'intention de + infinitive to intend to . . .
avoir envie de + infinitive to want to . . .
compter + infinitive to expect to . . .
espérer + infinitive to hope to . . .
J'ai l'intention de rester trois jours. I intend to stay three days.
J'ai envie de visiter l'Espagne. I want to visit Spain.
Il compte arriver avant neuf heures. He expects to arrive before 9 o'clock.
Nous espérons acheter une nouvelle voiture. We hope to buy a new car.

It sounds like this

The 't' in 'tion' in French sounds like an 's' (**not** like 'sh' as in English). Listen to the recording for exercise 2 again. How many times do you hear a word containing 'tion'? Watch out – there is one that ends in 'ssion'.

Now listen to the following and practise them:
invention, intention, ambition, répétition, imagination, solution.

2

Écoutez les huit personnes qui parlent de leurs ambitions.

1 Qu'est-ce qu'ils veulent faire? Mettez les images dans l'ordre correct.

2 Quand est-ce qu'ils veulent le faire? Notez ce qu'ils disent.
Exemple: **d** un jour

3

Lisez les phrases ci-dessous. Ensuite, écoutez. Pour chaque prévision (1–7), trouvez la phrase appropriée.
Exemple: **1   f**

a On prévoit de la pluie.
b On prévoit de la neige.
c On prévoit du soleil.
d Il y aura des vents forts.
e Il y aura des températures basses.
f On prévoit du beau temps.
g Il y aura des orages.

prévision (f)   forecast
On prévoit   We/They forecast
pluie (f)   rain
Il y aura   There will be
basses   low

TIP

Here are some words and phrases you can use when referring to times in the future:
demain   tomorrow
samedi prochain   next Saturday
la semaine prochaine   next week
le week-end prochain   next weekend
pendant les grandes vacances   during the summer holidays
après les classes   after lessons
dans deux ans   in two years

4

Regardez les exemples dans le 'Tip'. Écrivez les expressions suivantes en français.
1 next Friday   5 during the Christmas holidays
2 next Wednesday   6 during the night
3 next year   7 after dinner
4 next month   8 in three years

5

Qu'est-ce qu'ils vont faire? Liez chaque situation 1–4 à une réaction a–d.
1 Sybille est déçue au restaurant parce que la viande n'est pas bonne. Qu'est-ce qu'elle va faire?
2 M. Leroc compte arriver à la maison pour manger. Il a pris le train mais le train est en retard. Qu'est-ce qu'il va faire?
3 Mireille rencontre un SDF dans la rue qui demande de l'argent pour acheter des cigarettes. Qu'est-ce qu'elle va faire?
4 Luc trouve une Rolex dans la rue. Qu'est-ce qu'il a envie de faire?

   a *Je vais téléphoner à la maison. Je compte dîner plus tard.*
   b *Je ne vais pas donner mon argent pour des cigarettes! Je préfère donner aux organisations qui s'occupent des animaux.*
   c *Je vais parler au garçon. J'espère expliquer qu'il y a un problème. Il va peut-être apporter un dessert gratuit.*
   d *J'ai envie de garder la montre mais je vais probablement aller au bureau des objets trouvés.*

déçu   disappointed
SDF (m)   homeless person
s'occuper de   to be concerned with
apporter   to bring
bureau (m) des objets trouvés   lost property office
gratuit   free

6

Posez ces questions aux autres dans la classe. Puis notez leurs réponses.
1 Le week-end prochain il va faire beau. Qu'est-ce que vous allez faire?
2 Vous allez passer un examen demain et vous espérez avoir de bonnes notes. Qu'est-ce que vous allez faire ce soir?
3 Vous avez un rendez-vous avec un copain qui n'arrive pas. Qu'est-ce que vous comptez faire?

7 «Le marché des échanges» est une émission de radio.

Écoutez les quatre personnes qui téléphonent à l'émission.
Qu'est-ce qu'elles ont? Qu'est-ce qu'elles veulent?
Copiez et remplissez la grille.

	a pour échanger . . .	veut avoir . . .
Monsieur Grignot		
Madame Maurice		
Monsieur Richard		
Monsieur Duflot		

8

Lisez les suggestions de M. Lelent pour un monde plus lent.
Liez les phrases pour compléter ses suggestions.
Exemple: **1   d**

1 Je vais remplacer les restaurants 'fast-food' par les restaurants 'slow-food'.	**a** Je ne vais pas permettre aux conducteurs de dépasser les 15 km/h.
2 J'ai envie de changer la vitesse limite maximum sur les routes.	**b** Elle va paraître sur tous les timbres-poste.
3 À la maison, j'aimerais encourager la conversation.	**c** Le cycliste qui finit le premier ne va rien gagner.
4 On ne va plus utiliser les fours à micro-ondes parce qu'ils sont trop rapides.	**d** On va passer au moins deux heures à prendre le déjeuner.
5 La tortue va devenir notre symbole national.	**e** Les gens qui se dépêchent vont passer une semaine en prison.
6 Le dernier cycliste dans le Tour de France va gagner le grand prix.	**f** Chaque personne va passer au moins 20 minutes par jour à parler avec sa famille.
7 Il va être interdit de marcher trop vite.	**g** Tout le monde va apprendre la cuisine traditionnelle.

9 Dans les suggestions de M. Lelent, trouvez les expressions françaises pour:

1 at least
2 too fast
3 to allow
4 drivers
5 to encourage
6 microwave ovens
7 traditional cooking
8 in prison
9 the last
10 stamps

10 Dessinez un poster pour illustrer les idées de M. Lelent.

Les vacances d'Alain et de Bernard: Épisode 10

11 🔅 📖

Alain et Bernard n'ont pas envie de rentrer à la maison. Écoutez la conversation. Lisez les transcriptions et corrigez les mots **en gras**.

Exemple: **1**   j'ai envie de rester

  1 Moi, **je suis rentré** ici pour toute ma vie.
  2 Je n'ai pas **l'intention** de rentrer à la maison.
  3 Je compte **partir** bien bronzé.
  4 **Je compte** impressionner mes amies.
  5 Tu as envie de faire **du ski** cet après-midi?
  6 Moi, je vais me bronzer **à la piscine**.
  7 J'espère aller **au marché** avant de rentrer.
  8 Il y a un spectacle son et lumière ce soir **à la piscine**.
  9 C'est trop **loin**.
 10 **Je suis resté** ici.

12 🔅 📖 ✏️   Vous entendez ces phrases dans la conversation. Écoutez encore une fois. On parle de quoi?
  1 c'est trop énergique
  2 c'est trop ennuyeux
  3 c'est trop cher

13 💬 📖   Est-ce que vous avez essayé ces activités?
Oui ou non?
Si non, vous avez envie d'essayer? Pourquoi ou pourquoi pas?
Posez les questions à des camarades de classe.

Exemple: **A**   Est-ce que tu as essayé l'alpinisme?

    B   Non, je n'ai pas essayé l'alpinisme.

    A   Est-ce que tu as envie d'essayer l'alpinisme?

    B   Oui, parce que c'est intéressant.

Pour vous aider

l'alpinisme	les mots-croisés
coucher en plein air	le saut à l'élastique
l'aviation	le jardinage
le ski nautique	voyager en Concorde
le judo	les promenades à vélo
la pêche en mer	la spéléologie
le ski	la voile
la plongée sous-marine	la planche à neige

It sounds like this

In French, 'en' and 'on' sound slightly different from each other: you will improve your pronunciation if you try to make the distinction. Listen to these and practise them.
***On** a l'intention de re**n**trer vendredi.*
*J'ai **en**vie de me bro**n**zer.*

TIP

Here are some words to help you express your opinions.
C'est . . .

🙂	🙁
formidable	horrible
intéressant	ennuyeux
fantastique	barbant
sensass	moche
incroyable	embêtant
passionnant	trop cher
super	dangereux
dangereux	terrifiant

---

l'alpinisme (m)   climbing
coucher en plein air   to sleep outdoors
plongée (f) sous-marine   deep-sea diving
saut (m) à l'élastique   bungee-jumping
spéléologie (f)   pot-holing

Une journée dans la vie de Jean Albert – camionneur

14 🎧 📖
Jean Albert parle de sa vie de camionneur.
Écoutez ses opinions. Liez chaque opinion avec la bonne
image.

Exemple: **1   d**

1 C'est très bien.
2 C'est assez bien.
3 C'est intéressant.
4 C'est embêtant.
5 Super!

15 🎧 📖
Écoutez Jean Albert encore une fois.
Quelles sont les phrases correctes? Notez **a** ou **b**.

Exemple: **1   a**

1 **a** J'adore conduire.   **b** J'aime conduire.
2 **a** J'ai fait le voyage.   **b** Je fais le voyage.
3 **a** Je vais me coucher.   **b** Je me suis couché.
4 **a** Je comprends. Je mange   **b** Je compte manger dans un
        dans un café routier.   café routier.
5 **a** Je suis arrivé en   **b** J'espère arriver en
        Hollande.   Hollande.
6 **a** Je vais livrer des   **b** J'ai des livres pour mes
        machines.   amies.
7 **a** On va manger la viande.   **b** On va prendre l'avion.

16 ✏️ 📖
M. Albert utilise les phrases suivantes.
Écrivez les phrases correctement.

1 ilyadeuxjoursjaiquittélespagne.
2 jemesuiscouchédanslecamion.
3 dansdeuxjoursjespèrearriverenhollande.
4 detempsentempsjevaisenangleterreouenécosse.
5 onvapasserdeuxsemainesengrèce.

Page voyage

Rose-Marie a quitté son lycée à Paris. Avant d'aller à l'université, elle passe un an au Burundi, un des pays les plus petits et les plus pauvres de l'Afrique.

AFRIQUE

BURUNDI

N

O — E

S

Bujumbura

17 📖 🎧 Écoutez l'interview avec Rose-Marie.

Copiez les phrases et remplissez les blancs. Utilisez les mots dans la case.

1 Burundi se trouve en . . . .
2 Rose-Marie compte passer . . . . mois au Burundi.
3 Elle a correspondu avec . . . . burundienne.
4 Elle est arrivée il y a . . . .
5 Bujumbura est . . . . du Burundi.
6 Des enfants ont perdu . . . . pendant la guerre.
7 La plupart des Burundiens parlent . . . .
8 Rose-Marie mange . . . . le matin.

| la capitale   trois mois   douze   Afrique   leurs parents   français |
| des fruits   une famille |

GRAMMAR

Remember that to compare one thing with another you use *plus* + adjective; the word for 'than' is *que*
*Elle est **plus** jeune (**que** toi).*
She is younger (than you).

Royaume-Uni (m) the UK
langue (f) language
VIH / Sida HIV/Aids
espérance (f) de vie life expectancy

Le Burundi, le Royaume-Uni et la France – quelques statistiques

18 📖 Regardez le tableau de statistiques sur le Burundi, le Royaume-Uni, et la France.

Dans chaque phrase, choisissez: **plus** ou **moins**.
Exemple: **1** moins

1 Le Royaume-Uni est **plus/moins** petit que le Burundi.
2 La population de la France est **plus/moins** nombreuse que la population du Burundi.
3 Ben Nevis est **plus/moins** haut que Mount Heha.
4 La population du Royaume-Uni est **plus/moins** jeune que la population du Burundi.
5 La menace du VIH/Sida est **plus/moins** grave au Burundi qu'au Royaume-Uni.

	Burundi	Royaume-Uni	France
Combien de km²	27 800	245 000	551 500
Population	6 800 000	59 700 000	58 900 000
Langues principales	kirundi, français	anglais, gallois	français
La plus haute montagne	Mount Heha 2670m	Ben Nevis 1343m	Mont Blanc 4807m
%age de la population qui a moins de 15 ans	47%	19%	19%
%age de la population avec VIH/Sida	12%	0.1%	0.4%

19 📖   Lisez ces annonces. Pour chaque personne, trouvez un emploi.

Exemple: **1   d**

a
Colonie de vacances 'Au soleil'
recherche
animateurs/trices
du 15 mai au 30 sept
musique, sport, théâtre

b
SUPERMARCHÉ 'PIGGY' RECHERCHE
Caissiers/ères
vendredi 1800–2000
samedi 0900–1400

c
Hôtel l'Océan
Serveurs/serveuses
40 heures/6 jours par semaine
Possibilité de logement

d
Transports d'Arcey
Recherche camionneurs/euses
Âge minimum 21 ans
France, G-B, Espagne, Hollande

e
Garde d'enfant
pour
jumeaux: 2 ans
famille italienne
minimum 4 mois

1

J'adore conduire. J'aime être libre. Je ne veux pas travailler dans un bureau.

2

Je compte gagner de l'argent pour mes vacances. Je préfère avoir un boulot le soir ou le week-end.

3

J'espère trouver un emploi avec un logement. Je n'ai pas l'intention de payer un appartement.

4

Moi, je joue de la guitare. Je compte avoir un boulot pour l'été où je peux jouer de la guitare. Je veux aussi travailler avec des enfants.

5

Pendant l'été, j'ai l'intention d'utiliser mon italien.

20 ✏️   Choisissez et complétez cinq phrases sur 'Ma vie à l'avenir'.

Dans un an, j'espère . . .

Dans deux ans, j'ai l'intention de . . .

Dans cinq ans, je compte . . .

Dans dix ans, . . .

Dans 15 ans, . . .

Dans 20 ans, . . .

Dans 30 ans, . . .

Dans 50 ans, . . .

Test

Use this test to check what you have learnt in this unit.

1 Liez les mots et les images.   **[9]**
  1 des bottes
  2 un instrument de musique
  3 voyager dans l'espace
  4 la pluie
  5 la neige
  6 un lave-vaisselle
  7 un four à micro-ondes
  8 la vitesse limite
  9 la plongée sous-marine

2 Écrivez les phrases correctement.   **[6]**
  1 jailintentiondepassermesvacancesenespagneparceque
    jaimelesoleil.
  2 jespèreresterauborddelapiscinependanttoutlaprèsmidi.
  3 jecompterentreràlamaisonavantseptheures.
  4 nousespéronsprendrelebuspourallerenville.
  5 lesenfantsontenviedallieraucentresportifpourfairedujudo.
  6 estcequevousavezprisunerésolutionpourlepremier
    janvier?

3 Faites dix phrases. Dans chaque phrase il faut: **[10]**
  • adapter un verbe dans la case;
  • choisir un infinitif dans la ronde;
  • compléter la phrase – vous pouvez utiliser des expressions
    dans l'hexagone.

compter

avoir l'intention de

préférer

aller

vouloir

ne vouloir pas

arriver

téléphoner   aller

faire

travailler

voyager

prendre

jouer

week-end

amis

le TGV

tennis

université

bureau

devoirs

en plein air

en ville

Exemples: Je compte aller en ville le week-end prochain.
    Mon frère a l'intention de travailler dans un bureau après
       l'université.
    Elle ne veut pas jouer au tennis avec ses amis.

Total points: 25

1
Lisez le texte et regardez les images. Mettez les sections du texte dans l'ordre correct.

La Boîte de Monsieur Van Loon

a   b   c   d   e
f   g   h   i   j

1 Très impressionné, il a voulu parler du Canyon avec tout le monde.
Pour donner une impression de la grandeur de cette merveille géologique, il a suggéré la construction d'une boîte géante – la Boîte de Van Loon.

2 Il a visité le Grand Canyon.

3 Au 19ᵉ siècle, Monsieur Willem Van Loon, auteur célèbre, a quitté les Pays-Bas pour habiter aux États-Unis.

4 «Après quelques mois les corps des personnes dans la boîte vont périr. Le bois aussi va disparaitre, couvert d'herbe et de plantes. Après quelques années, on ne va rien voir des personnes du monde. La population du monde entier – c'est fini!

5 «On va construire cette boîte sur les bords du Grand Canyon. La boîte va mesurer 800 mètres de long, 800 mètres de large et 800 mètres de haut. Ainsi on compte mettre dedans toute la population du monde – tous les gens de tous les pays, côte à côte, l'un sur l'autre.

6 «La boite va tomber, tomber, tomber … Elle va arriver enfin au fond du Canyon au bord de la rivière Colorado.

7 «Puis on va pousser la boîte dans le Grand Canyon.

8 Voilà la signification de l'homme dans l'univers, selon Monsieur Van Loon.

9 «Mais la Terre va continuer de tourner autour du soleil …
Toutes les autres espèces de la planète vont continuer à survivre …
La lune va continuer de tourner autour de la Terre …
Les planètes vont continuer de tourner autour du soleil …

10 «Un visiteur, arrivant sur la Terre d'une autre planète, ne va rien remarquer de spécial. Il ne va rien savoir des êtres

Le Grand Canyon:
Longueur: 450 kilomètres
Largeur: 29 kilomètres
Profondeur: 1500 mètres

impressionné impressed
grandeur (f) size
merveille (f) marvel, wonder
signification (f) significance
selon according to
périr (here) to decay
côte à côte side by side
remarquer to notice
largeur (f) width
profondeur (f) depth

La philosophie de Jean-Pierre

2

Ajoutez les lettres qui manquent. Trouvez une activité recommandée pour les élèves qui veulent réussir aux examens.

Voilà mes conseils pour les examens:

Le jour de l'examen:
Arrive un peu en retard.
Ça montre que tu n'es pas nerveux.

Apporte seulement un stylo.
S'il ne ***onctionne** pas, le professeur va t'apporter un autre stylo.
Ne porte **j*mais** une montre.
Demande l'heure à haute **vo*x** et souvent.

Si tu **souff*es** de l'**asthm***, oublie ton inhalateur.
Bois beaucoup de ***iquides** avant l'examen. Après tout, tu as le droit d'**all*r** aux toilettes en **ca*** d'urgence.

Bois plein de boissons gazeuses.
Des boucles d'oreille avec de petites cloches – c'est une bonne **i*ée**. La **musiqu*** va aider la concentration.

Mets un T-shirt sous ta chemise. S'ils s'ennuient, les autres candidats **peu*ent** essayer de lire le slogan. C'est intéressant **p*ur** eux. Quand le prof dit 'Commencez!' ouvre ton livret et crie '**Ou***! Oui!!' avec beaucoup d'énergie. Ça va encourager les **aut*es**.

Dix minutes avant la fin de l'examen, prends tes **papier*** et souris d'un air mystérieux. Tout le monde va croire: comme il est intelligent!

manquer to be missing	*gazeuses* fizzy
montrer to show	*boucle (f) d'oreille* earring
apporter to bring	*cloche (f)* bell
à haute voix out loud, loudly	*eux* them
inhalateur (m) inhaler, puffer	*livret (m)* booklet
en cas d'urgence in an emergency	*souris* smile

3

Écoutez le professeur et inventez vos propres recommandations!

13 Opinions et raisons

Skills and grammar in this unit
- using direct object pronouns to avoid repeating nouns

Pronunciation: *ai*

Topics
- holiday activities
- hobbies and sports
- types of TV programme
- jobs and occupations
- the work of a translator/interpreter

Revision
- using *vouloir* to express what you want
- giving opinions

1

Un visiteur de Mars pose des questions. Identifiez les objets pour lui.

Exemple: **a**   C'est un stylo.

2

Liez les définitions et les images de l'exercice 1.

Exemple: **1   d**

1 On l'utilise pour se brosser les dents.
2 Les Français le boivent souvent.
3 On le prend pour monter aux étages supérieurs.
4 Un voyageur l'achète avant de prendre le train.
5 On la regarde pour voir des films, des infos, etc.
6 Une personne la met quand il fait froid.
7 On le met pour nager.
8 On l'utilise pour écrire.

GRAMMAR

Pronouns are short words used as labour-saving devices to avoid repeating a noun. For example, in English you might say 'The monkey grabbed **the banana** and ate **it**'. Using the pronoun 'it' avoids having to use the noun 'the banana' twice.

The definitions in exercise 2 use pronouns in order not to repeat the word:

On l'utilise pour se brosser les dents.   You use **it** to brush your teeth.

Now study these examples.

*Marie aime **les feuilletons**. Elle **les** regarde souvent.*   Marie likes **soaps**. She watches **them** often.

*Monsieur Pompidou choisit **une cravate violette** et il **la** met.*   Monsieur Pompidou chooses a **purple tie** and puts **it** on.

*Paul veut visiter **le Grand Canyon**. Il **le** trouve très intéressant.* Paul wants to visit **the Grand Canyon**. He finds **it** very interesting.

In French the direct object pronouns you will need to use most often are:
- *le* (it, him) to replace a masculine singular noun
- *la* (it, her) to replace a feminine singular noun
- *les* (them) to replace a plural noun.

Some rules to remember about these:
- they must agree (masculine/feminine and singular/plural) with the noun they replace
- *le* and *la* shorten to *l'* if the next word starts with a vowel
- they usually come just in front of the verb.

a Une émission sportive

b La météo

c Les actualités

d Une émission de cuisine

e Un feuilleton

actualités (fpl)   news, current affairs
rangée (f)   row, aisle

Vous aimez écouter la radio?

3 🔆📖   Écoutez ces extraits d'émissions de radio, 1–5. C'est quelle sorte d'émission?
Exemple: **1   d**

4 🔆📖   Écoutez les extraits encore une fois. Choisissez les mots corrects pour compléter les phrases.
1 Dans l'émission de cuisine, le chef a préparé **une coupe/une tarte/une tranche**.
2 Dans l'extrait du feuilleton, la fille adore un homme. Elle ne peut pas **partir/l'oublier/l'aimer**.
3 Dans l'extrait de l'émission sportive, c'est **Vigo/Komesky/Roland** qui marque un but.
4 Dans l'extrait des actualités, le camion transportait **des euros/des employés/des policiers**.
5 Dans l'extrait de la météo, on dit qu'il va faire plus beau **le matin/l'après-midi/le soir**.
6 On dit aussi qu'il ne faut pas oublier son **maillot de bain/parapluie/chapeau**.

5 📖✏️   Vous travaillez dans un supermarché en France. Écrivez vos réponses aux questions des clients.
Exemple: **1**   On les trouve dans la rangée C.
1 Où est-ce qu'on trouve **les baguettes**?
2 Où est-ce qu'on trouve **le jambon et le pâté**?
3 Où est-ce qu'on trouve **le fromage**?
4 Où est-ce qu'on trouve **la crème**?
5 Où est-ce qu'on trouve **le vin**?

PLAN DU SUPERMARCHÉ

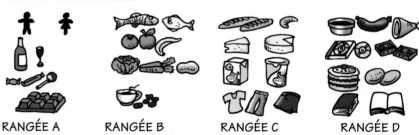

RANGÉE A   RANGÉE B   RANGÉE C   RANGÉE D

6 💬   Travaillez avec un(e) partenaire. Répétez les questions et les réponses de l'exercice 5.
Puis inventez d'autres questions et réponses. Remplacez les mots **en gras** avec d'autres articles (par exemple, **le poisson, les légumes, les CD**).
Exemple: **A** Où est-ce qu'on trouve les livres?
B On les trouve dans la rangée D. Où est-ce qu'on trouve les bonbons?

It sounds like this

Listen to the sound 'ai' in the following words from the recording for exercise 3:
faire, fraîche, connais, certaine, baisser, laissez
Now try the following – listen first, then imitate.
Je connais une certaine pâtissière qui sait faire des tartes aux fraises.

Les vacances d'Alain et de Bernard: Épisode 11

---

7 🎧 📖 ✏️   Lisez et écoutez la conversation d'Alain et de Bernard.

Dans la conversation, trouvez les équivalents français.
1 I put them on the table.
2 I didn't put them in my bag.
3 You can use them.
4 If you've brought it.
5 You've got it in your bag, haven't you?
6 We've left it on the table!

GRAMMAR

You can see in Alain and Bernard's conversation that when you use a direct object pronoun in the perfect tense, it comes before the part of *avoir* or *être* that helps form the verb:
Je l'ai laissé sur la table.   I left **it** on the table.

8

Lisez ces phrases. C'est qui/c'est quoi? Liez les définitions et les noms.

Exemple: **1   c**

a   un pique-nique

b   un sac

c   un slip de bain

d   une piscine

e   un lac

f   Alain

g   un vélo

de retour à . . .   when I/we/
they got back to . . .

1   On le met pour se baigner. Alain l'a laissé sur la table.
2   On le prend normalement en plein air. Les deux garçons l'ont oublié.
3   Il a chaud. Il a envie de nager.
4   Chaque garçon le porte. C'est pratique pour transporter ses affaires en promenade.
5   On peut y nager. Elle se trouve au gîte.
6   C'est un moyen de transport. On le pédale.
7   On peut y nager. S'il y a du vent, on peut y faire de la voile.

arrivent	les	offre	chaud	l'a
l'ont	du	oublié	son	

9

Copiez et complétez ce résumé. Utilisez les mots dans la case.

Alain et Bernard **1** . . . . au lac. Il fait **2** . . . . et Alain veut se baigner mais il a oublié **3** . . . . slip de bain. Il **4** . . . . laissé sur la table du gîte. Bernard a une serviette et un maillot et il **5** . . . . à Alain. Les garçons ont l'intention de manger au bord **6** . . . . lac mais ils ont **7** . . . . le pique-nique. Ils **8** . . . . laissé sur la table du gîte aussi.

10

Imaginez que vous êtes Alain. Vous racontez votre excursion dans un e-mail.

Pour vous aider

Jeudi, nous avons fait une sortie . . .
Malheureusement, j'ai oublié . . .
Bernard a oublié . . .
Nous avons décidé de . . .
De retour au gîte, nous avons . . .

TIP

Pronouns are very useful when expressing your opinions about things:

Tu as vu le nouveau stade de football? Je le trouve très beau.   Have you seen the new football stadium? I find it very beautiful.

J'aime la télé mais je ne la regarde pas tous les jours.   I like TV, but I don't watch it every day.

La musique jazz, je la déteste / je l'adore.   I hate / love jazz music.

Aimez-vous lire?

Moi, je n'aime pas beaucoup lire. De temps en temps, je lis les magazines mais je les trouve un peu ennuyeux.
Pierre

La lecture ne me plaît pas beaucoup mais quelquefois je lis des bandes dessinées parce que je les comprends facilement.
Sophie

La lecture, c'est ma passion. Ça me transporte dans un autre monde. Je ne lis pas un livre, je le dévore! Je veux passer tout mon temps à lire.
Amélie

Je ne lis pas du tout, parce que je préfère la natation et surtout l'athlétisme. Je les pratique autant que possible.
Robert

J'aime lire mais ce que j'aime le plus, c'est mon ordinateur parce que c'est plus intéressant.
Christophe

11 Lisez les opinions sur la lecture.
C'est qui? Écrivez le nom.
1 Il/Elle adore lire.
2 Il/Elle n'aime pas lire du tout.
3 Il/Elle lit des livres qui ne sont pas difficiles.
4 Il/Elle préfère le sport.
5 Il/Elle préfère l'informatique.

12 Lisez l'e-mail. Puis écrivez une réponse – au moins cinq phrases.

13 Posez des questions à d'autres membres de la classe.

bande (f) dessinée comic strip/ book
autant que possible as much as possible

salut!

Salut
Est-ce que tu aimes lire? Moi, je l'adore. J'ai beaucoup de livres. J'aime tous les livres mais je préfère les bandes dessinées parce qu'elles sont faciles. Est-ce que tu les aimes aussi? Qu'est-ce que tu préfères lire?

Pour vous aider

Questions
Est-ce que tu aimes la lecture?
Qu'est-ce que tu préfères lire?
Est-ce que tu aimes la musique classique / pop / métal?
Qu'est-ce que tu préfères écouter?
Est-ce que tu aimes le poisson?
Est-ce que tu aimes les films d'horreur?
Est-ce que tu aimes les chiens?
Tu préfères quel animal?

Réponses
Je l'aime.
Je l'adore.
Je ne l'aime pas.
Je le/la/les déteste. Je préfère . . .
J'aime lire/écouter/regarder . . .
Je les aime.
Je les adore.
Je ne les aime pas.

14

Lisez et écoutez les textes. Identifiez les cinq métiers. Attention! Il y a six descriptions, et cinq métiers.

a Je suis secrétaire.

b Je suis facteur.

c Je suis chef de cuisine dans un grand hôtel.

d Je suis médecin.

e Je travaille dans une librairie.

1 *Je me lève souvent très tôt. Moi, je suis responsable des légumes. On utilise uniquement des légumes frais ici. D'abord je les lave, puis je les épluche ou je les coupe en morceaux . . .*

2 **Je fais ma tournée en camionnette. J'ai beaucoup de lettres, de paquets, etc. Avant de partir, je les mets dans le bon ordre, puis je sors et je les distribue dans tous les villages. Le travail est très intéressant. Je connais tout le monde par ici!**

3 Je reçois des personnes dans mon cabinet. Je les aide quand ils sont malades. Je les examine. Je fais aussi les visites à la maison. Je fais ce travail depuis quinze ans et je l'adore.

4 Moi, je vends des livres. Je travaille au centre commercial. Un travail difficile? Non, je ne le trouve jamais difficile parce que je l'aime! Mais on ne me paie pas beaucoup . . .

5 Je travaille avec les petits enfants parce que je les préfère aux grands. Il y en a vingt-cinq dans ma classe et je les aime tous.

6 Je travaille dans un bureau. Mon travail est très varié et je le trouve agréable. Je réponds au téléphone, je prépare les documents, je les copie et je les classe.

TIP

Notice how these people express opinions about their jobs:
le travail est intéressant, je l'adore, je l'aime, je ne le trouve pas difficile, je le trouve agréable.

---

chef de cuisine
médecin
un vendeur/une vendeuse
secrétaire
un instituteur/une institutrice
un facteur/une factrice

---

métier (m)   job, career
il y en a . . .   there are . . . of them
inconvénient (m) disadvantage

15

Copiez et complétez ces phrases. Utilisez les mots dans la case.
1 . . . . distribue les lettres.
2 Un . . . . soigne les malades.
3 Un . . . . prépare les repas.
4 Un/Une . . . . travaille au bureau.
5 . . . . travaille à l'école.
6 . . . . travaille dans un magasin.

16

Lisez les phrases. C'est quel métier?
1 Je préfère travailler avec les petits enfants.
2 J'aime mon travail parce que c'est intéressant et varié. J'aime surtout parler au téléphone.
3 Mon travail me plaît en général mais il y a un inconvénient. Je dois me lever très tôt le matin.
4 J'adore mon travail parce que je peux aider les gens quand ils sont malades.
5 J'ai fait la connaissance de tout le monde. Ils sont contents quand ils reçoivent des lettres.

Une journée dans la vie *de Serge*

langue (f) étrangère   foreign
   language
stage (m)   course
loin   far
mieux payé   better paid

17

Écoutez l'interview. Choisissez les mots corrects pour compléter les phrases.
1 Serge est **traducteur/interprète/étudiant**.
2 Serge a étudié **en France uniquement/aux États-Unis/dans plusieurs pays**.
3 Serge trouve son travail **ennuyeux/pas très varié/ intéressant**.
4 Il reçoit **un bon salaire/un grand bonus/un salaire moyen**.
5 Serge **ne voyage pas beaucoup/adore voyager/voyage souvent**.
6 Serge trouve que la vie d'un traducteur est **plus stressant/ moins stressant/aussi stressant** que la vie d'un interprète.

18

1 Quel métier? Écoutez encore une fois, puis lisez les phrases et décidez: traducteur (**T**) interprète (**I**) ou les deux (**T + I**)?
   a On est bien payé.
   b On voyage beaucoup.
   c On travaille dans un bureau.
   d On rencontre beaucoup de personnes intéressantes.
   e La vie est assez stressée.
   f On est souvent loin de la famille.
   g On utilise les langues.
2 Lisez chaque phrase encore une fois et décidez – c'est un avantage ou un inconvénient? Comparez vos réponses avec les réponses de vos camarades de classe.

19

Trouvez dans la liste les paires de mots ou de phrases qui ont le sens contraire.
Exemple: avantage – inconvénient

avantage	moins
écrit	oral
inconvénient	plus
loin de	près de

20

Préparez une petite présentation orale (une minute). Vous voulez faire quel métier et pourquoi? Commencez:

> *Je veux être (interprète/traducteur/traductrice) parce que . . .*

ou

> *Je ne veux pas être (interprète/traducteur/traductrice) parce que . . .*

21

Interviewez un(e) partenaire et écrivez son opinion. Qu'est-ce qu'il/elle veut faire, et pourquoi?
Exemple: Karen veut être journaliste parce qu'elle adore écrire.
   Martin veut être programmeur parce qu'il adore l'informatique.

TIP

Remember that you can use *vouloir* with another verb in the infinitive to say what you want to do:
Je veux acheter *des vêtements.*   I want to buy some clothes.
You can also use it with a noun:
Je veux *un pull rouge.*   I want a red sweater.
Je veux means 'I want'.
Je voudrais is a part of *vouloir* which means 'I would like'.

Test

Use this test to check what you have learnt in this unit.

1 Qu'est-ce que c'est? **[10]**
   1 On le mange en plein air.   EEIINPQQUU-
   2 Quelqu'un qui aime les langues et les parle couramment EEÈINPRRTT
   3 On l'achète à la boulangerie.   ABEEGTTU
   4 On le porte quand on nage.   TOMLLIA
   5 Quelqu'un qui distribue des lettres   UTRFECA
   6 On le fait pour gagner un salaire.   VRITLAA
   7 Il reçoit les malades et il les examine.   NMIÉEDC
   8 Le contraire d'un inconvénient   VTNGEAAA
   9 Si tu as beaucoup de livres et tu aimes les lire, évidemment tu aimes la . . .   UTRLEEC
   10 On la regarde pour savoir s'il va pleuvoir.   OTÉMÉ

2 Copiez et complétez ces phrases avec le pronom correct. **[5]**
Exemple: **1**   Je ne veux pas la manger.
   1 Je ne veux pas . . . . manger. [une pomme]
   2 Ils adorent . . . . manger. [les hamburgers]
   3 Je . . . . ai lu ce matin. [le journal]
   4 Monsieur Gatou va . . . . traduire. [un article]
   5 Est-ce que tu . . . . aimes? [cette chanson]
   6 Je ne vais pas . . . . voir aujourd'hui. [Hélène]

3 Joignez les parties des phrases. Il faut être logique! **[5]**
   1 Céline mange beaucoup de pommes
   2 Albert veut être pilote
   3 Je ne l'ai pas mis dans mon sac. Je l'ai oublié
   4 Ah les voilà! Ils sont arrivés en retard
   5 Je ne peux pas mettre mon maillot
      a parce qu'elle les adore.
      b parce que je l'ai laissé à la maison.
      c parce que le téléphone a sonné.
      d parce que les avions l'intéressent.
      e parce qu'ils ont pris le deuxième bus.

4 Remplacez les mots **en gras** pour corriger ces phrases. **[5]**
Exemple: **1**   Le facteur transporte les lettres et il les **distribue**.
   1 Le facteur transporte les lettres et il les **mange**.
   2 Un **traducteur** écoute des conférences et il les traduit oralement.
   3 Un professeur travaille dans **l'espace**.
   4 La lecture, c'est sa passion. Il **la déteste**.
   5 Elle veut devenir astronaute parce qu'elle trouve le travail **sur Terre** très intéressant.
   6 Elle travaille dans une librairie. Elle vend **du poisson**.

Total points: 25

Unité 14 Questions, réponses

Skills and grammar in this unit
- using a range of tenses
- using *en* to mean 'of it', 'of them'

Pronunciation: silent and pronounced *ent* endings; nasal vowel sounds

Topics
- healthy living
- ways of coping with nerves
- tourism
- travel
- celebrities
- the French singer Dany Brillant
- the life of a homeless person

Revision
- using time expressions
- *il y a* to mean 'there is', 'there are'
- *il y a* to mean 'ago'
- using *on* to mean 'we/one/people/they'

• •

Page voyage: trois interviews à l'aéroport Charles de Gaulle, à Paris

Interview A: M. et Mme Lautrec

Interviewer: Bonjour, monsieur. Vous pouvez me parler de votre voyage?

M. Lautrec: Alors notre voyage a été très très long. Ma femme et moi avons passé un mois de vacances en Nouvelle-Zélande. Quel beau pays! Malheureusement c'est très loin. J'ai l'impression que j'ai passé une semaine dans l'avion.

Interviewer: Oh, là là! Ce n'est pas vrai?

M. Lautrec: J'exagère un peu, mais le voyage dure normalement vingt-quatre heures. De toute façon on a eu un séjour magnifique et nous espérons y retourner un de ces jours.

1 Lisez et écoutez l'interview A. Copiez et complétez les phrases: il faut choisir la forme correcte du verbe.

1 Ils **font/ont fait/vont faire** un long voyage.

2 Ils **passent/ont passé/vont passer** un mois en Nouvelle-Zélande.

3 Ils **retournent/sont retournés/vont retourner** en Nouvelle-Zélande un jour.

TIP

To talk accurately about events which have happened (the past), will happen (the future) and are happening now (the present), you must use the correct **tense** of the verb. Note carefully the tenses used by the speakers in these interviews.

2 Écoutez l'interview B et lisez les notes de l'interviewer. Il a fait des erreurs. Vous pouvez les corriger?

Mme Chasselapin va partir en Espagne pour six jours. Elle a loué une maison. Elle va en Espagne trois fois par an.

Interview C: M. Jolivet

Interviewer: Excusez-moi, monsieur, vous partez en vacances, vous aussi?

M. Jolivet: Vacances, moi? Certainement pas! Les vacances, je les prends très rarement. Je suis venu à l'aéroport à sept heures ce matin pour chercher ma fille et mon fils. Ils vont bientôt arriver mais leur avion est en retard. Alors je suis là depuis cinq heures.

Interviewer: Ils ont été en vacances?

M. Jolivet: Ils ont passé une semaine à Londres. Ils sont allés dans une université en Angleterre pour perfectionner leur anglais.

Intervieweur: Merci, monsieur.

3 📖🎧 Lisez et écoutez l'interview C.

C'est vrai, selon l'interview? Choisissez les trois phrases qui sont vraies.

1 M. Jolivet est venu chercher ses enfants.
2 Ses enfants sont arrivés.
3 M. Jolivet va partir en avion.
4 Ses enfants ont fait un voyage en Angleterre.
5 Ses enfants ne parlent pas anglais.
6 M. Jolivet attend à l'aéroport.

TIP

The subject pronoun *on* is often used in French. It means 'one', 'you', 'they', 'we', or 'people in general':
On a joué au foot hier.   We played football yesterday.
On doit acheter un billet avant de monter dans le bus.   You must buy a ticket before getting on the bus.

---

4 🎧📖 C'est quelle interview? Choisissez: **A**, **B** ou **C**?

1 On attend des voyageurs.
2 On a fait un très long voyage.
3 On va se détendre.

5 💬✏️ Maintenant, pensez à vos vacances.

1 Écrivez vos réponses en français.
  a Vous êtes parti(e) en vacances l'année dernière?
  b Vous êtes allé(e) où?
  c Avec qui?
  d Où est-ce que vous avez l'intention de voyager cette année?

2 Préparez une présentation orale (environ une minute) avec le titre *Mes vacances*.

Dany Brillant

LE CHANTEUR DANY BRILLANT FAIT DES CONCERTS PARTOUT EN FRANCE.

ICI, IL PARLE DE SA VIE ET DE SON TRAVAIL.

Interviewer: Vous donnez beaucoup de concerts, Dany. Vous vous préparez comment avant un concert?

Dany: Je me prépare sérieusement. Avant un concert, je reste seul – je me repose pour me concentrer.

Interviewer: Vous avez le trac?

Dany: Je n'ai pas beaucoup le trac avant un concert, heureusement. Un concert, c'est très fatigant et je dois être en pleine forme.

Interviewer: Comment est-ce que vous restez en forme?

Dany: Je n'ai jamais fumé et je mange un régime sain. Je ne sors pas dans les clubs parce que je ne veux pas risquer de m'enrhumer.

Interviewer: Qu'est-ce que vous faites pour vous détendre?

Dany: Pour me détendre entre mes concerts, je vais au bord de la mer ou je voyage à l'étranger. Le mois prochain, par exemple, je vais partir en voyage en Amérique du Sud. Je connais déjà la région et je l'adore. À l'avenir, j'ai l'intention de voyager en Asie et en Inde.

avoir le trac   to suffer from nerves, stage fright
régime (m)   diet
sain   healthy
s'enrhumer   to catch a cold

It sounds like this

Remember that when 'ent' is a verb ending, it is **not** pronounced.
Listen to this sentence and practise it aloud:
Valentin et Henri se détendent mais malheureusement leurs parents ne se détendent pas – ils travaillent sérieusement.

Working with a partner, read aloud the interview with Dany, taking extra care over the following words containing the syllable 'ent':
comment, sérieusement, me concentrer, heureusement, comment, détendre, entre, en voyage en Amérique, l'intention

6

Lisez l'interview avec Dany Brillant.
C'est vrai, selon l'interview? Identifiez les quatre phrases vraies.
1 Dany Brillant est chanteur.
2 Il fait beaucoup de concerts.
3 Avant un concert il a très peur.
4 Il fume des cigarettes.
5 Il veut rester en forme.
6 Il s'est enrhumé dans un club.
7 Il a fait des voyages en Amérique du Sud.
8 Il a fait des voyages en Inde.

7

Copiez et complétez le texte au sujet de Dany.
Utilisez les expressions dans la case.
Attention – vous n'allez pas utiliser toutes les expressions!
Dany Brillant **1** . . . . maintenant très connu. Il **2** . . . . beaucoup de concerts. L'année dernière, par exemple, il **3** . . . . plusieurs concerts en France et il **4** . . . . beaucoup. Le mois prochain, il **5** . . . . à Paris et il **6** . . . . devant une grande foule. Après le concert à Paris, il **7** . . . . au bord de la mer. Il ne **8** . . . . jamais dans les boîtes parce qu'il **9** . . . . peur de s'enrhumer. Il **10** . . . . la fumée des cigarettes aussi.

a
a chanté
a eu
a donné
a voyagé
aime
déteste
est
fait
va
va aller
va chanter
va se détendre
va venir

battre   to beat
bonheur (m)   happiness
brûler   to burn
aucune   not a single
éclat (m)   brilliance
tas (m)   heap

Une des chansons de Dany Brillant

C'EST TOI

C'est toi chérie qui fais battre mon cœur
c'est toi qui me donnes mes joies
c'est toi chérie qui vas faire mon bonheur
c'est toi qui me brûles les doigts
J'ai connu des filles plus ou moins jolies
mais aucune fille n'a fait ton éclat
il y en a des belles, il y en a des tas
mais des filles comme toi, il n'y en a pas . . .

GRAMMAR

You already know the phrase *il y a*: 'there is' or 'there are'. You can use it with *en* to add 'of them/of it'. The word *en* slots between *y* and *a*:

Il y en a beaucoup   There are lots (of them)

Il y en a deux   There are two (of them)

8 Lisez la chanson de Dany Brillant. Dans cette chanson trouvez . . .
1 deux parties du corps
2 deux adjectifs
3 une ligne où il parle du passé.
4 une ligne où il parle de l'avenir.

LE TRAC – QU'EST-CE QUE C'EST?

Le trac, c'est la peur du ridicule et du jugement des autres.

➤ Un chanteur peut éprouver le trac avant de donner un concert.
➤ Un acteur peut éprouver le trac avant d'entrer en scène.
➤ Un élève peut éprouver le trac quand il doit répondre à une question ou faire une présentation devant toute la classe, par exemple.

Symptômes:
• ton cœur bat très fort.
• tu transpires
• tes jambes tremblent.
Un avantage: le trac nous aide à faire de notre mieux dans des situations difficiles.
Un inconvénient: le trac peut nous paralyser.

9 Lisez l'article sur le trac.
Trouvez le français pour les expressions suivantes.
1 nerves
2 other people
3 to experience
4 to go on stage
5 your heart beats very hard
6 you perspire
7 to do our best
8 a disadvantage

porte-bonheur (m)   lucky charm
poupée (f)   doll
remède (m)   remedy, cure

10 Comment est-ce qu'on peut combattre le trac?
Écoutez les stratégies de Pierre, Ophélie, Georges et Christophe.
Écrivez le prénom correct pour chaque image.
Exemple: **1**   Ophélie

Les vacances d'Alain et de Bernard: Épisode 12

11 Écoutez Alain et Bernard qui parlent des cartes postales.
Identifiez les personnes. Choisissez entre les noms dans la case.
1 Qui achète des cartes postales?
2 Ils vont écrire des cartes postales à qui?
3 Qui déteste écrire des cartes?
4 Qui va aider son frère à les écrire?
5 Qui veut aller au musée de la moto?

> quelques copains   Alain
> Bernard   Bernard et Alain

un prêté pour un rendu   one
  good turn deserves another

12 Voici une carte postale préparée par Bernard.
Copiez et complétez une version correcte de la carte postale.
Utilisez les expressions dans la case.

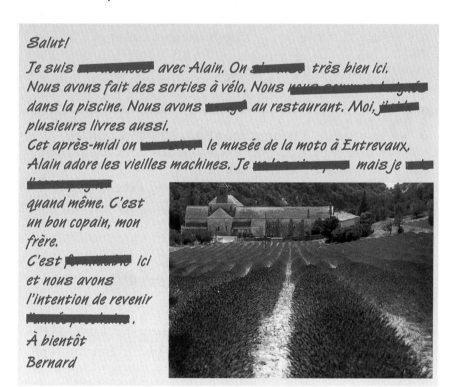

> Salut!
> Je suis ▮▮▮▮▮ avec Alain. On ▮▮▮▮▮ très bien ici.
> Nous avons fait des sorties à vélo. Nous ▮▮▮▮▮▮▮▮
> dans la piscine. Nous avons ▮▮▮ au restaurant. Moi, j'▮▮▮▮
> plusieurs livres aussi.
> Cet après-midi on ▮▮▮▮▮▮ le musée de la moto à Entrevaux.
> Alain adore les vieilles machines. Je ▮▮▮▮▮▮▮▮▮ mais je ▮▮▮
> ▮▮▮▮▮▮▮
> quand même. C'est
> un bon copain, mon
> frère.
> C'est ▮▮▮▮▮▮ ici
> et nous avons
> l'intention de revenir
> ▮▮▮▮▮▮▮▮.
> À bientôt
> Bernard

> en vacances   formidable
> j'ai lu   l'année prochaine
> mangé   ne les aime pas
> nous sommes baignés   s'amuse
> vais l'accompagner   va visiter

13 Bernard a téléphoné au musée de la moto.
Écoutez le message du répondeur automatique. Puis répondez aux questions.
1 Il y a combien de motos au musée?
2 Lundi, le musée est ouvert ou fermé?
3 À quelle heure ouvre le musée le matin?
4 À quelle heure ferme le musée le soir?
5 On peut visiter le musée le vendredi matin?
6 Est-ce que les contributions sont obligatoires?

14 Travaillez avec un(e) partenaire.
A est Alain; **B** est Bernard.
Alain pose des questions à Bernard sur le musée.
Après trois questions, changez de rôle.
Exemple:

A Alors Bernard, tu as reçu des renseignements?

B Oui, j'ai écouté le répondeur automatique.

A Qu'est-ce qu'il y a au musée?

These are some useful words to do with time:
aujourd'hui   today
à midi   at lunchtime, midday
le matin   in the morning
l'après-midi   in the afternoon
le soir   in the evening
une semaine   a week
l'année dernière   last year
l'année prochaine   next year
le mois prochain   next month
hier   yesterday
avant-hier   the day before
   yesterday
demain   tomorrow
après-demain   the day after
   tomorrow
tous les jours   every day

If in French you want to say 'in the morning', 'in the evening', or 'in the afternoon' you do not need to translate the word 'in':
Le matin, je suis allé en ville.   In the morning, I went to town.

15   Lisez l'e-mail. Trouvez dans le 'Tip' l'expression correcte.
Attention – il est essentiel de noter **la date** de l'e-mail!
Exemple: **1**   une semaine   **2**   l'année dernière

salut!

Fort-Mahon Plage, mercredi **16 juillet 2003**
Salut Pierre,
Voilà déjà [**1** 7 jours] . . . . que je suis en vacances. On s'amuse très bien ici – c'est comme [**2** 2002] . . . .
Alors, pour [**3** le 16 juillet] . . . . , [**4** vers 15h] . . . . , nous allons jouer sur la plage. Ensuite, [**5** vers 20h] . . . . nous allons manger au restaurant. [**6** le 14 juillet] . . . . nous avons fait une promenade en bateau et [**7** le 15 juillet] . . . . nous sommes allés à 'Aquaparc'.
Nous avons loué des vélos et [**8** le 17 juillet] . . . . nous allons sortir en groupe.
[**9** le 18 juillet] . . . . nous allons faire des courses au marché [**10** entre 9h et 12h] . . . . , puis [**11** à 12h] . . . . , nous allons faire un pique-nique.
Nous rentrons [**12** en août] . . . . mais j'espère revenir [**13** en 2004] . . . .
Christophe

16   Imaginez que vous êtes en vacances. Qu'est-ce que vous avez fait? Qu'est-ce que vous allez faire? Copiez et complétez les phrases.
Exemple: Avant-hier, j'ai joué au ping-pong avec un dragon.

1 Avant-hier, je . . .
2 Hier, je . . .
3 Demain, je vais . . .
4 Après-demain, je vais . . .
5 Tous les jours, je . . .

17   Maintenant imaginez que vous êtes en vacances et tout est horrible! Préparez une présentation orale (environ une minute). Utilisez les cinq expressions de l'exercice 16 et inventez le reste des phrases.

Une journée dans la vie *de Gérard – SDF*

Gérard a environ trente ans. Son 'métier' est SDF. C'est-à-dire, il est 'sans domicile fixe' – il n'a pas de maison et il passe ses journées dans les rues de Paris. La nuit, il essaie de dormir dans son sac de couchage, dans une gare, dans le Métro ou sous un pont. Il a froid, il a faim. Il est mal habillé.

Comment est-ce qu'il est arrivé à cet état? Pourquoi est-ce qu'il est devenu comme ça?

Plus jeune, il a travaillé dans une usine et aussi comme garçon de café. Il a eu des problèmes d'argent. Un jour sa femme l'a quitté. Après cela, il a commencé à boire et il est venu à Paris. Et le voici maintenant comme beaucoup d'autres, SDF dans la capitale.

Et son avenir? Il dit qu'il veut travailler et qu'il va changer de vie mais c'est très difficile. Sa santé n'est pas bonne. Sans maison, sans famille, sans amis! Qu'est-ce qu'il va devenir?

18 Lisez et écoutez.

Que dit Gérard? Joignez les deux parties des phrases.
Exemple: **1   d**
1 Hier soir, j'ai essayé
2 J'ai froid parce que
3 J'ai travaillé
4 Quand ma femme m'a quitté
5 Un jour, je suis parti et
6 Je n'ai trouvé
7 J'ai l'intention
8 Je ne sais pas

    a   ce que je vais devenir.
    b   comme garçon de café.
    c   de changer ma vie.
    d   de dormir dans le Métro.
    e   j'ai commencé à boire.
    f   je n'ai pas de vêtements chauds.
    g   je suis venu à Paris.
    h   ni abri, ni emploi.

sans domicile fixe   with no fixed abode, homeless
sac (m) de couchage   sleeping bag
pont (m)   bridge
état (m)   state
santé (f)   health
ni ... ni ...   neither ... nor ...
abri (m)   shelter

19 Qu'est-ce que vous pensez? Qu'est-ce qu'on peut faire pour les personnes comme Gérard? Voici quelques idées. Mettez-les en ordre d'importance (à votre avis).
a Il faut donner de l'argent à Gérard.
b Il faut mettre Gérard en prison.
c Il faut construire des centres de réception pour les SDF.
d Il faut donner à manger et à boire à Gérard.
e Il faut trouver un emploi pour Gérard.
f Il faut le laisser tranquille parce qu'il a choisi sa vie.
Comparez votre liste à des listes d'autres.

TIP

il faut + infinitive   it is necessary (to) / we must ...

Test

Use this test to check what you have learnt in this unit.

1 Écrivez ces phrases correctement. Notez **P** (passé) **Pr** (présent) ou **F** (futur). **[10]**
   1 Ilssontpartisenvacances.
   2 Danyvachanterdevantunegrandefoule.
   3 Elledétestemangerlesharicots.
   4 Onadécidédenvoyerdescartespostales.
   5 Lemuséedelamotoestferméaujourdhui.

2 Trouvez les paires. **[10]**
   1 C'est un chanteur français.
   2 On y voit beaucoup d'avions.
   3 Un pays où on parle anglais. C'est à l'autre bout du monde mais ce n'est pas l'Australie.
   4 Si aujourd'hui est le premier décembre, ce jour est le 3 décembre.
   5 Le contraire de jour.
   6 Quelqu'un qui n'a pas de domicile permanent.
   7 On peut l'éprouver avant de parler devant un groupe.
   8 C'est une partie du corps qui bat.
   9 On les écrit quand on est en vacances.
   10 C'est un moyen de transport à deux roues.

   a TRRPOOÉA   f OÉLV
   b -AADEÈIMNPRS   g UROEC
   c TSRECA STOLEPAS   h INTU
   d -ADEEEÉLLLNNOUVZ i DFS
   e YTRNNLLIDBAA   j ACRT

3 Corrigez ces phrases impossibles. Remplacez les mots **en gras** – utilisez les expressions dans la case. Attention – vous n'allez pas les utiliser toutes. **[10]**
   1 Jean Claude, qui habite Lyon, est allé en Nouvelle-Zélande. Il a fait le voyage en avion. Le voyage a duré **deux** heures.
   2 Le musée est fermé le lundi. C'est aujourd'hui mercredi. Ils sont allés au musée **avant-hier**.
   3 Dany Brillant **n'a jamais fait un concert** en France.
   4 Les articles gratuits **sont très chers**.
   5 Le bulletin météo annonce la pluie et le brouillard. Il va faire **beau**.
   6 Pendant les vacances on **travaille** beaucoup.
   7 Un homme qui **habite** dans une maison ou un appartement est sans abri.
   8 Elle a fait un voyage en **voiture**. Elle a volé.
   9 Demain c'est son anniversaire. Il va avoir un an de **moins**.
   10 Il **est** sportif. Il ne s'est jamais entraîné.

a donné beaucoup de concerts   avion   hier
mauvais   train   n'est pas   n'habite pas
ne coûtent rien   plus   s'amuse   va faire
beaucoup de concerts   vingt-quatre

4 Complétez ces phrases d'une façon appropriée. Inventez – mais il faut être logique. **[5]**
Exemple: Aujourd'hui, l'avion de Paris arrive à sept heures mais hier *il est arrivé à huit heures.*
   1 Aujourd'hui, l'avion de Paris arrive à sept heures mais hier . . .
   2 Dany adore chanter mais il . . .
   3 Ce matin, j'ai nagé. Cet après-midi, je . . .
   4 Pour combattre le trac, je . . .
   5 Il ne va pas envoyer des cartes parce qu'il . . .

Total points: 35

15

Ça va! (5)

1 Faites le jeu-test et lisez vos résultats.

ES-TU OBSERVATEUR?

Réponds honnêtement.

① Sans le/la regarder, tu peux dire comment ton/ta prof est habillé(e) aujourd'hui?
a Exactement.
b À peu près.
c Je ne le/la regarde jamais.

② Quand tu lis un roman policier, est-ce que tu identifies vite le coupable?
a Oui, si c'est évident.
b Je ne l'identifie jamais.
c Souvent.

③ Un de tes amis se sent malade.
a Tu vois immédiatement qu'il/elle est malade.
b Tu ne vois pas qu'il/elle est malade.
c Tu sais qu'il y a quelque chose de bizarre mais tu ne sais pas quoi.

④ Si tu te promènes en forêt avec ton chien . . .
a Tu trouves facilement le chemin.
b Ton chien te montre le chemin.
c Tu attends un passant et tu lui demandes le chemin.

⑤ Est-ce que tu marches dans les flaques d'eau?
a Oui, très souvent. Je ne les vois pas.
b Non, je les évite facilement.
c Quelquefois.

⑥ Il y a des fautes dans ton travail écrit.
a Tu les trouves facilement.
b Tu les trouves, mais pas toutes.
c C'est le prof qui les trouve.

Résultats

Compte tes points, puis lis tes résultats.
1 a = 3, b = 2, c = 1
2 a = 2, b = 1, c = 3
3 a = 3, b = 1, c = 2
4 a = 3, b = 2, c = 1
5 a = 1, b = 3, c = 2
6 a = 3, b = 2, c = 1
15 à 18 points: Félicitations, tu es très observateur.
10 à 14 points: Ton sens de l'observation se forme toujours. Tu peux l'améliorer.
Moins de 9 points: Tu n'es pas observateur. Ouvre les yeux!

à peu près   roughly
coupable (m)   guilty person, culprit
évident   obvious
se sentir   to feel
passant (m)   passer-by
marcher   to walk
flaque (f) d'eau   puddle
éviter   to avoid
améliorer   to improve

2

Lisez l'énigme: qui a gagné quoi, dans quel concours?

concours (m)   competition
participer à   to take part in
à l'appareil   on the phone,
                  speaking

ÉNIGME!

Dans la famille Veinard, il y a quatre personnes: **Papa**, **Maman**, leur fils **Mario** et leur fille **Maria**.

Dans leur ville on a organisé quatre concours.

Un concours est organisé par une **banque**, un autre par un **magazine**, un autre par une **station de radio** et le quatrième par un **supermarché**.

Pour chaque concours, il y a un premier prix: une **voiture**, un **bateau**, un **voyage** ou un **ordinateur**.

Chaque membre de la famille Veinard a participé à un des concours et a gagné le premier prix!

Qui a gagné quoi? Vous pouvez compléter cette information?

Papa a participé au concours organisé par **le supermarché**. Il a gagné [?]

Maman a participé au concours organisé par [?] . Elle a gagné **la voiture**.

Mario a participé au concours organisé par [?] . Il a gagné [?]

Maria a participé au concours organisé par [?] . Elle a gagné [?]

Pour vous aider:

1   Maman a gagné la voiture. Le magazine n'a pas organisé ce concours.
2   La station de radio a organisé le concours pour le voyage. Mario ne l'a pas gagné.
3   Papa a participé au concours organisé par le supermarché. Il n'a pas gagné le bateau.

3

Mettez-vous à la place d'un des membres de la famille. Parlez de votre prix. Répondez aux questions.

Qui a organisé le concours?

Qu'est-ce que vous avez gagné?

Qu'est-ce que vous pensez de votre prix? Pourquoi?

Qu'est-ce que vous allez faire avec votre prix?

pérroquet (m) méchant
beware of the parrot

Pour rire!

– Julien, que fais-tu?
– Rien!
– Et ton frère?
– Il m'aide.

Julien ne veut pas aller à l'école.
Il téléphone à l'école.
– Allô, je vous téléphone pour vous dire que Julien est malade.
– Qui est à l'appareil?
– C'est mon papa!

Un jour, un voleur va entrer dans une maison quand il lit une affiche à côté de la porte: 'ATTENTION, PERROQUET MÉCHANT!'

Il sourit, ouvre la porte et entre doucement.

Dans l'entrée, il entend soudain la voix du perroquet qui crie: 'Vas-y Rex, attaque!'

C'était comme ça

Skills and grammar in this unit
- understanding and using the imperfect tense
- using *ne ... pas* with the imperfect
- using *y* to mean 'there'
- listening for key words

Pronunciation: *ais, é* verb endings

Topics
- entertainment
- home life
- life in the past
- life in a French château
- jobs and professions
- the work of a tourist guide

Revision
- perfect tense

1 Lisez et écoutez les phrases. Pensez à votre enfance. C'est vrai ou ce n'est pas vrai?

1 J'avais un lapin quand j'étais jeune.
2 Quand j'étais bébé je n'avais pas de cheveux.
3 J'avais les cheveux blonds.
4 Je mangeais tous les jours du chocolat.
5 Je buvais souvent de la bière.
6 Je parlais aux fleurs dans le parc.
7 Quand j'étais bébé je portais des vêtements bleus.
8 Je regardais tous les jours la télévision.

enfance (f) childhood
lapin (m) rabbit

GRAMMAR

The **imperfect** is a tense you can use to talk about what 'used to happen' or 'was happening' in the past.
This is how to write the singular parts of the imperfect:
Take the 'ons' off the *nous* form of the verb:
nous all~~ons~~, fais~~ons~~, finiss~~ons~~, mange~~ons~~, attend~~ons~~
Add these endings:
je -ais
tu -ais
il / elle / on -ait
je faisais, il attendait, Alain mangeait, on écoutait
Only one verb in the whole of the French language is irregular in the imperfect – *être*:
j'étais
tu étais
il / elle / on était

You have already learnt to use the **perfect** for specific actions or events – things which happened and then were finished:
***J'ai vu** mon frère. **Il a dit** 'Salut'. **Nous sommes rentrés** à la maison.*
Use the **imperfect** for 'scene setting' – for something which was happening continuously rather than a one-off event:
Il pleuvait. It was raining.
J'habitais à Paris. I was living in Paris.

It sounds like this

Practise the 'ais'/'ait' sound which you need for the imperfect:
Le soleil brillait, et moi, je me reposais sur la plage, je regardais la mer et je mangeais une glace. Parfait!

Quand j'étais jeune . . .

2

Écoutez les quatre amis et regardez les images.
Pour chaque image écrivez le numéro correct: **1**, **2**, **3** ou **4**.
Exemple: **a   2**

GRAMMAR

If a verb is in the imperfect, you can make it negative by adding *ne . . . pas* in the usual way:
Je ne regardais pas la télévision.   I was not watching television.
Elle ne faisait pas ses devoirs.   She didn't use to do her homework.

Remember that *ne* becomes *n'* before a vowel:
Je n'aimais pas l'école.   I didn't like school.

3

Présentation. Complétez au moins cinq phrases pour parler du passé.
Quand j'avais 6 mois . . .
Quand j'avais 5 ans . . .
Quand j'avais 10 ans . . .

Maintenant, imaginez que vous avez 40 ans:
Quand j'avais 15 ans . . .
Quand j'avais 20 ans . . .
Quand j'avais 30 ans . . .

Pour vous aider

j'habitais
j'avais
j'écoutais
j'aimais
je n'aimais pas
je jouais
j'allais chaque jour
je faisais régulièrement
je regardais

Page voyage

C'était bizarre!

4 Lisez cet article.

Vacances épineuses...

Durant cet été, Nor Malena Hassan a passé un mois enfermée seule en compagnie de 2700 scorpions venimeux dans une cage en verre de 12 m²! La jeune Malaisienne, installée dans un musée de Kota Baru, avait seulement quinze minutes par jour pour sortir faire sa toilette. Le reste du temps, elle était sous la menace de ses compagnons, véritables dards sur pattes. Sept fois elle a été piquée au cours de son séjour. Grisés par les caméras de télévision, il y a des gens prêts au pire pour se faire connaître...

épineux	spiky
menace (f)	threat
dard (m)	spear
séjour (m)	stay
grisé	carried away by
gens (mpl)	people
prêt au pire	ready to do their worst

Joignez les phrases pour donner le sens du passage.

1 Nor Malena Hassan a passé
2 Ses compagnons étaient
3 Elle venait de
4 Elle sortait de sa cage
5 Elle mangeait et dormait
6 On pouvait

   a la Malaisie.
   b une fois par jour.
   c des scorpions venimeux.
   d l'été dans une cage.
   e regarder Nor Malena Hassan à la télévision.
   f dans sa cage.

GRAMMAR

Here are the plural parts of the imperfect. They are the same for all types of verb.

nous regard**ions**	nous sort**ions**	nous attend**ions**
vous regard**iez**	vous sort**iez**	vous attend**iez**
ils / elles regard**aient**	ils / elles sort**aient**	ils / elles attend**aient**

5 Regardez ces verbes. Notez les intrus.
Exemple: **1** vais

1 mangeais faisais allais vais
2 fais vais allais vois
3 allons allions allaient allait
4 regarder regardait écouter être
5 finissons finissait finissions finissais
6 faire voir lire mangeais
7 avais avions aviez avoir
8 étions étiez était êtes

6

Écoutez les personnes âgées. Mettez ces images dans l'ordre correct.

puits (m)   well

7

Jean-Marie écrit sur son enfance. Mais il a un problème d'ordinateur. Corrigez le texte.

quandj'avaisdixansj'habitaisàlacampagne.
leweek–endj'aimaisalleràlapêcheavecmon
copainLuc.Lucaimaitjouerdelaguitare.moi
jepréféraisécouterdescd.mongroupepréfér
éss'appelait'Crézi'.detempsentempsnoustra
vaillionsàlafermepourmononcle.nousgag
nionspasmald'argent.nouspassionsl'étéda
nsunecaravaneauborddelamer.

8

Maintenant, écoutez Jean-Marie. Il parle de son enfance. Lisez votre texte. Il y a sept erreurs dans le texte. Qu'est-ce qu'il dit?
Exemple: **1**   Il habitait au bord de la mer.
1   Il habitait à la campagne.
2   Il allait à la pêche le week-end.
3   Son copain s'appelait Luc.
4   Son copain avait les yeux bleus.
5   Son copain jouait de la guitare.
6   Ils passaient les vacances au bord de la mer.
7   Il était permis de travailler pour son oncle.

9

Qu'est-ce qu'on faisait quand le téléphone a sonné? Écoutez les six personnes – Pierre, Louise, Michel, Élise, Adrien et Sophie. Identifiez les images correctes.
Exemple: Pierre   **c**

GRAMMAR

Look at these sentences:
*Il **faisait** beau quand j'ai quitté la maison.*   The weather **was** nice when I <u>left</u> the house.
*Il **avait** chaud, alors il <u>a mangé</u> une glace.*   He **was** hot so he <u>ate</u> an ice cream.
*Vous **regardiez** la télévision quand le téléphone <u>a sonné</u>.* You **were watching** the television when the phone <u>rang</u>.

The verbs in **bold** all describe the 'background' – what *was* happening. Use the **imperfect** for these.
The verbs <u>underlined</u> all describe a one-off action. Use the <u>perfect</u> for these.

10

Liez les phrases.
1 Il faisait une promenade à vélo
2 Je préparais le repas et
3 J'écoutais la radio et
4 Elle réparait son vélo
5 Nous étions dans le train de Paris
6 Il lisait le journal et

   a j'ai entendu ta chanson préférée.
   b et il est tombé.
   c et elle s'est coupé la main.
   d il a vu un article sur le tourisme en Alsace.
   e je me suis brûlé le doigt.
   f quand nous avons rencontré Monsieur Dupont.

11

Qu'est-ce que vous faisiez? Pour chaque événement, inventez la situation.
Exemple: **1** Je lisais le journal.
1 quand le téléphone a sonné.
2 quand tu es arrivée.
3 et je suis tombé.
4 et je me suis coupé le doigt.
5 et j'ai trouvé mes clefs!
6 quand j'ai reçu ton e-mail.

Les vacances d'Alain et de Bernard: Épisode 13

12 🎧 📖   Alain et Bernard se bronzent. Écoutez leur conversation et lisez les listes ci-dessous.
Prenez une expression dans chaque liste pour faire huit phrases vraies selon le passage.
Exemple: Madame Lafonse fumait tout le temps.

tiroir (m)   drawer
démodées   old-fashioned, unfashionable

Madame Lafonse	souffrait	beaucoup
Monsieur Delagne	se disputait	tout le temps
Albert	racontait	de la bière dans son lit
	organisait	avec l'instructeur de ski
	cachait	une boum
	écoutait	des histoires ennuyeuses
	fumait	des cravates démodées
	portait	la musique pop

13 🎧   Listen to the tour guide showing people round the château d'Angély.
Correct the errors, shown in bold type, according to the passage.
1 At least **40** people worked in the kitchen.
2 The person who was responsible for cakes was called the ***grand chef de cuisine***.
3 The duke and duchess ate meat **only at weekends**.
4 The cellar contained five **million** bottles.
5 The inhabitants of the château drank **beer** every day.
6 The boys and girls who worked in the kitchen had to get up at **six** every morning.
7 The boys and girls were not allowed to **see** one another.
8 It took **17** minutes to walk from the kitchen to the dining room.

TIP
To help with a listening task like this, identify key words to listen out for, for each question, e.g. for question 1, you are likely to hear a number and the word *cuisine*.

GRAMMAR
The word **y** means 'there' or 'to it'.
It goes **before** the verb:
il y habite   he lives there
nous y allons   we go there

14

Lisez les questions et les réponses. Trouvez les paires.

Exemple: **1   c**

1 Tu vas souvent au cinéma, Danielle?
2 Est-ce que Jean-Paul habite à Lyon?
3 Qu'est-ce qu'on fait au café des jeunes?
4 Qu'est-ce qu'il y a dans votre sac, madame?
5 Vous voulez voyager en Italie comment, Monsieur Dernay?
6 Qu'est-ce que tu vas acheter en ville, Fatima?
7 Qui va t'accompagner au concert, Robert?

a J'y cherche un cadeau pour mon frère.
b Oui, oui, il y habite.
c Oui, j'y vais une fois par mois.
d On y joue au ping-pong; on y boit du café.
e J'y vais tout seul – j'ai acheté un billet seulement.
f Vous n'y trouvez rien, monsieur.
g Nous y allons en avion.

15

Madame Bernaud travaillait comme guide dans un château. Écoutez l'interview.
Qu'est-ce qu'elle aimait? Qu'est-ce qu'elle n'aimait pas?
Faites deux listes. Utilisez les expressions dans la case.
Exemple: Elle aimait les touristes étrangers.

Les magasins de Confuseville

16

Lisez les phrases en dessous. Quels étaient les magasins? Qui travaillait dans chaque magasin?

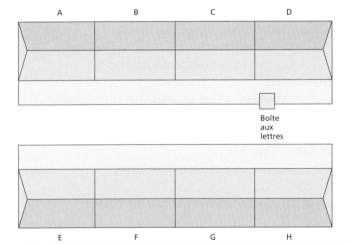

amuser les visiteurs
le salaire
répéter la même chose
les histoires effrayantes
les questions bizarres
être debout toute la journée
la routine
l'atmosphère du château
raconter les blagues
les touristes étrangers

BOÎTE AUX LETTRES

1 M. Henri travaillait à la banque.
2 M. Robin travaillait dans l'agence de voyages. Il admirait les deux jeunes femmes qui travaillaient dans le magasin à côté.
3 Didier travaillait dans le magasin de sport.
4 La boîte aux lettres se trouvait devant la poste.
5 Mme Colomb était pharmacienne.
6 À côté de la poste il y avait une librairie où travaillaient Isabelle et Anne-Laure.
7 Mme Colomb n'aimait pas son voisin, le boucher.
8 M. Moisson était boucher.
9 La boucherie se trouvait en face de la poste.
10 Hélène était fleuriste. Elle travaillait dans le magasin en face de l'agence de voyages.
11 La fleuriste fréquentait la banque qui se trouvait à côté de son magasin.
12 M. Azire travaillait à la poste.

Test

Use this test to check what you have learnt in this unit.

1 **1** Écrivez les verbes à l'imparfait.   **[8]**

 2 Ce n'est pas logique! Trouvez l'erreur dans chaque phrase.   **[8]**

 a Quand j'étais étudiant, je [passer] tous les week-ends à Paris. Je me [bronzer] à la plage et je [nager] dans la mer.

 b Quand j'habitais à Mons, ma voisine [être] végétarienne. Elle [aimer] manger le bœuf et les pommes de terre.

 c Hélène était ma copine à l'école. La date de son anniversaire, c'[être] le trente et un juin.

 d Quand nous habitions à Paris, nous ne [regarder] jamais la télé. Nous [aimer] surtout regarder les émissions de sport.

 e Quand elle était plus jeune, Julienne [être] en forme. Chaque matin avant le petit déjeuner, elle [nager] trois cents kilomètres.

 f Quand il avait quarante ans, mon oncle [conduire] une Porsche parce qu'il [adorer] les voitures japonaises.

 g Quand j'étais au collège, nous [jouer] tous les jours au hockey parce que nous n'[aimer] pas les jeux d'équipe.

 h Le train [rouler] très vite – à treize kilomètres à l'heure – au moment où je l'ai vu.

2 Remplissez les blancs. Choisissez les verbes dans les cases. **[9]**
Exemple: **1**   Il faisait noir quand nous sommes arrivés au gîte.

 1 Il . . . . noir quand nous . . . . au gîte.

 2 Il . . . . quand nous . . . . la maison.

 3 Le soleil . . . . , alors nous . . . . à la plage.

 4 Jean . . . . un pantalon démodé quand il . . . . son ancienne amie.

 5 Marie . . . . un feuilleton quand son petit ami . . . .

 6 Marie-Lise . . . . une douche quand elle . . . . l'explosion dans la maison.

 7 Les jeunes . . . . aux cartes quand on . . . . leurs sacs.

 8 Je . . . . dans la mer quand le grand poisson m'. . . . .

 9 Tu . . . . du vélo quand tu . . . . ?

 10 Nous . . . . au ping-pong quand nous . . . . la balle.

imparfait	passé composé
faisait faisais portait	a entendu a volé sommes arrivés
regardait brillait	sommes allés a rencontré
pleuvait nageais jouions	a mordu avons quitté avons perdu
jouaient prenait	est arrivé es tombé

Total points: 25

17

Intentions

Unité

Skills and grammar in this unit
- using the following expressions with *à* or *de* and an infinitive: *décider de, refuser de, oublier de, essayer de, avoir besoin de, avoir peur de, avoir l'intention de, aider à, commencer à, continuer à, demander à, hésiter à*
- using *venir de* + infinitive to mean 'to have just (done something)'

Pronunciation: verb endings: *ais / ait / aient, é, er; s* endings before a vowel

Topics
- driving and road safety in Europe
- schools in European countries
- sport
- future plans

Revision
- present tense of *venir*

GRAMMAR

Sometimes a verb is followed by another infinitive.
Look at these English examples:
My friend *decided* **to marry** a millionaire.
They *refused* **to drink** the poison.
My brother *is starting* **to grow** a beard.

In French, most of these verbs need *à* or *de* (or *d'*) before the infinitive:

décider de	to decide to
refuser de	to refuse to
oublier de	to forget to
essayer de	to try to
avoir besoin de	to need to
avoir peur de	to be scared to/of
avoir l'intention de	to intend to
aider à	to help to
commencer à	to start to
continuer à	to continue to
demander à	to ask to
hésiter à	to hesitate to

*Elle **a décidé de manger** le chocolat.* She decided to eat the chocolate.
*Il **oublie** souvent **de faire** ses devoirs.* He often forgets to do his homework.
*Il **a commencé à pleuvoir**.* It started to rain.
*Nous **aidons** notre ami **à réparer** son vélo.* We are helping our friend to mend his bike.

1 Copiez les phrases. Remplissez les blancs marqués **[?]** – utilisez *à*, *d'* ou *de*. Ensuite, choisissez un mot dans la case pour remplir l'autre blanc.
Exemple: **1** Ils décident **de** quitter **l'école**.
1 Ils décident **[?]** quitter . . . .
2 Nous essayons **[?]** . . . .
3 J'ai besoin **[?]** aller aux . . . .
4 Il commence **[?]** irriter mon . . . .
5 Ma sœur refuse **[?]** faire son . . . .
6 J'ai peur **[?]** passer . . . . examens.
7 Je commence **[?]** parler très . . . . français.
8 N'oublie pas **[?]** téléphoner à ta . . . .

grand-mère lit toilettes bien l'école chanter mes frère

2 Écrivez les phrases.
Exemple: **1** André refuse de quitter la maison.
1 André [refuser] **[?]** quitter la maison.
2 Bernard [oublier] toujours **[?]** faire la vaisselle.
3 Est-ce que tu [essayer] **[?]** irriter le professeur, Babette?
4 Les garçons [avoir peur] **[?]** perdre leurs portables.
5 Vous avez [décider] **[?]** aller en vacances.
6 Les élèves [commencer] **[?]** crier dans la classe.
7 Mon ami pue. Il [avoir besoin] **[?]** prendre une douche.
8 Mon cousin m'[aider] **[?]** construire un ordinateur. Quel désastre!

puer to stink

3 Lisez les phrases. Puis écoutez la conversation dans la salle des profs. Copiez les cinq phrases qui sont vraies.

1 Les élèves refusent de parler français.
2 Ils refusent de parler anglais.
3 Ils refusent de faire leurs devoirs.
4 Le professeur oublie de faire ses devoirs.
5 Les élèves oublient de dire «Merci».
6 Ils essaient d'irriter le professeur.
7 Madame Mireille commence à pleurer.
8 Elle dit qu'elle a l'intention de quitter son travail.
9 Madame Mireille a peur de travailler dans un supermarché.

4

L'élève idéal?

1 Copiez les phrases et remplissez les blancs.
   a Il/Elle a l'intention . . . réussir à ses examens.
   b Il/Elle a peur . . . poser des questions au professeur.
   c Il/Elle m'aide . . . faire les devoirs quand j'ai des difficultés.
   d Il/Elle refuse . . . manger du chewing-gum en classe.
   e Il/Elle continue . . . travailler même quand les autres dans la classe font des bêtises.
   f Il/Elle oublie . . . faire ses devoirs.
   g Il/Elle essaie . . . irriter le professeur.
   h Il/Elle oublie . . . apporter les cahiers et les livres à l'école.
   i Il/Elle continue . . . parler quand le professeur explique quelque chose d'important.
   j Il/Elle n'hésite pas . . . utiliser son portable pendant les cours.

2 Trouvez un(e) partenaire. Lisez les phrases encore une fois et donnez des points à votre partenaire.

Les scores	
Phrases a, b, c, d, e:	Phrases f, g, h, i, j:
c'est vrai toujours: 3 points	c'est vrai toujours: 0 point
c'est vrai la plupart (*most*) du temps: 2 points	c'est vrai la plupart du temps: 1 point
c'est vrai quelquefois: 1 point	c'est vrai quelquefois: 2 points
ce n'est jamais vrai: 0 point	ce n'est jamais vrai: 3 points

C'est comment, l'école d'ailleurs?

Grande-Bretagne

La Grande-Bretagne est le seul pays de l'Europe où les collégiens portent toujours l'uniforme scolaire. Chaque collège a son uniforme individuelle, mais les coleurs les plus commun sont le gris, le bleue, le bordeaux et le vert foncé. La plupart des uniformes comprennent aussi une chemise blanche et une cravate aussi couleurs de collège – et un plus, on a une veste avec le blason du collège sur la poche. Quelle est la raison pour tout ça? L'idée est de déguiser les inégalités sociales et, au niveau pratique, on peut reconnaître les élèves de chaque collège.

Grèce

Peut-être tu voudrais habiter en Grèce, parce que là-bas les élèves ne passent pas toute la journée à l'école. Ils y vont soit le matin, soit l'après-midi. La raison? Il n'y a pas assez de place pour tous les élèves! Mais il ne faut pas imaginer que les élèves grecs s'amusant la maitié du temps! Ils doivent prendre des cours particuliers pendent le reste de la journée scolaire. Qu'est-ce que tu en penses?

Allemagne

Le système de notes est presque le contraire du système français. En France, on est noté de 1 à 5, et le 5 est la meilleure note. En Allemagne, on est noté de 1 à 6, et le 1 est la meilleure! Autre différence: en France, on commence les études en sixième et on termine en première, après le bac. Les élèves allemands commencent en première, et terminent en treizième. Pour un jeune français qui va en Allemagne pour faire l'échange scolaire, ça semble un peu bizarre!

Finlande

En ce pays nordique, il ne fait jamais très chaud et les vacances d'été ne sont pas aussi longues que celles des élèves français. Oui, ça semble incroyable, mais la rentrée des classes en Finlande a lieu en août. Cela ne serait pas pratique en France, où il fait trop chaud en août; voilà pourquoi la rentrée en France a lieu début septembre. Et en Espagne, où il fait plus chaud encore, la rentrée est même plus tard – mi-septembre!

5

Lisez l'article de magazine. Trouvez le français pour ces expressions en anglais.

1 uniform
2 dark green
3 social inequality
4 a badge
5 the best mark
6 a maths test
7 in year 13
8 strange, odd
9 enough space
10 private studies
11 northerly
12 incredible
13 even later

collégien (m)   school pupil
comprendre   to include
déguiser   to hide, disguise
au niveau pratique   on a practical level
moitié (f)   half
bordeaux   maroon (colour)
rentrée (f) des classes   new school year

GRAMMAR

When *venir* is followed by *de* + infinitive, it has a special meaning: 'to have just (done something)'.

When you use *venir de* + infinitive, the part of *venir* must always agree with the person who has just done the action:

je viens	*nous venons*
tu viens	*vous venez*
il / elle / on vient	*ils / elles viennent*

*Je **viens de finir** mes devoirs.*
   I **have just** finished my homework.
*Elle **vient de laver** la voiture.*
   She **has just** washed the car.

6 Dans chaque case il y a **deux** phrases. Trouvez et écrivez les phrases.
Exemple: **1** Mon frère m'aide à faire mes devoirs. Les enfants refusent de manger les légumes.

1
| Mon frère | de manger | les légumes | à faire |
| refusent | Les enfants | m'aide | mes devoirs |

2
| Mes parents | de partir | ont décidé | avons oublié |
| Nous | en vacances | nos devoirs | de faire |

3
| Paul | a besoin | une nouvelle voiture | d'acheter |
| hésitent | Estelle et David | à quitter | la maison |

4
Les footballeurs	Les clowns	aux spectateurs
avaient besoin	à jeter	n'hésitaient pas
de jouer	des gâteaux	deux matchs

5
| Le soleil | continuait | à se fâcher | ne cessait pas |
| Madame Mireille | de briller | à cause de ses élèves |

6
| André | a peur | Bertrand et sa sœur | aident Paul |
| de perdre | son portefeuille | à ranger ses affaires |

7 Regardez les dessins. Qu'est-ce qu'ils disent?
Remplacez les blancs par la partie correcte de *venir de*.
Puis déchiffrez les mots pour compléter les phrases.
Exemple: **1** Je viens de lire le journal.

1 Je . . . . rile el oujranl.
2 Je . . . . ravel al vitouer.
3 Je . . . . rifin sem deosivr.
4 Mon ami . . . . refia sel sucores.
5 Nous . . . . drepnre el dujéeren.
6 Est-ce que vous . . . . tééeophrln à trove mai?

8 🎧

Écoutez les phrases. Écrivez le mot que vous entendez.

Exemple: **1**   aller

1 allais/aller
2 achetais/acheter
3 porter/portait
4 mangeais/mangé

5 regarder/regardait
6 écouter/écoutait
7 se promener/se promenait

9 🎧

Écoutez les phrases. Écrivez le mot ou la phrase que vous entendez.

Exemple: **1**   le vingt-deux juin

1 le vingt-deux juin/le vingt de juin
2 des parents idiots/des parents idéaux
3 d'un éléphant/au téléphone
4 des verres/des vers
5 quand/qu'on
6 sont/son/sent

Les vacances d'Alain et de Bernard: Épisode 14

10 🎧

C'est le jour du départ mais Bernard refuse de se lever. Alain parle avec un ami au téléphone.
Il mentionne les choses à droite. Mettez les images dans l'ordre de la conversation. ➝

11 📖

Lisez ces expressions. C'est dans le passé ou dans le futur?

Exemple: **1**   passé

1 l'année dernière
2 dans quinze jours
3 l'été dernier
4 hier
5 l'année prochaine

6 demain
7 il y a deux ans
8 ce soir
9 demain matin
10 hier soir

11 la semaine dernière
12 il y a mille ans
13 dans trois semaines

12 📖✏️

Copiez les phrases et remplissez les blancs. Utilisez les expressions dans la case. Il faut être logique!

Exemple: **1**   Ce soir

1 . . . . je vais aller au cinéma pour voir «Planète des professeurs-dinosaures».
2 . . . . les voitures n'existaient pas.
3 . . . . c'est le 25 mars . . . . ce sera le 9 avril.
4 . . . . mon amie espère quitter l'école.
5 . . . . je vais prendre le petit déjeuner chez Macdo.
6 . . . . j'ai trop mangé; aujourd'hui j'ai mal à l'estomac.
7 . . . . j'espère passer mes vacances sur la Lune.
8 . . . . j'ai rencontré mon copain Jean-Claude en ville.

It sounds like this

Practise recognising and pronouncing the difference between the sound of 'ais', 'ait', 'aient' and 'é' or 'er'. Say the following words, then listen to the recording to check your pronunciation.
   Watch out, too, for the pronunciation of the 's' on *ils / elles* when the next word starts with a vowel.
je suis allé, ils allaient, je regardais, elles ont regardé, je vais me promener, on se promenait
Mémé mangeait et Hélène écoutait la radio.

Il y a trois jours
Il y a deux cents ans
Aujourd'hui
Dans deux ans
Dans quinze jours
Dans trente ans   Demain matin
Hier soir   Ce soir

Page voyage – les leçons de conduite

13

Écoutez la leçon de conduite.
1 On mentionne quelles parties de la voiture?
2 Écrivez l'ordre de la conversation.

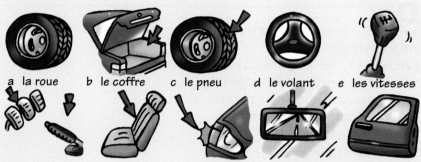

a la roue   b le coffre   c le pneu   d le volant   e les vitesses

f les freins   g le siège   h le clignotant   i le rétroviseur   j la portière

14

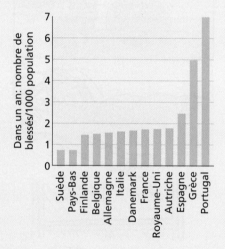

Étudiez le graphique à gauche. Identifiez les quatre phrases vraies.
1 Il est moins dangereux de conduire en Finlande qu'en Italie.
2 Le pays le plus dangereux pour les chauffeurs, c'est le Portugal.
3 En Autriche il est plus dangereux de conduire qu'en Allemagne.
4 Le pays le moins dangereux pour les chauffeurs, c'est les Pays-Bas.
5 La France a un plus grand nombre de blessés que la Grèce.
6 Le Danemark est moins dangereux pour les chauffeurs que l'Espagne.

Une journée dans la vie de Laurence Bertrand – instructrice à l'auto-école St-Maurice

15

Écoutez l'interview. Lisez les phrases et corrigez les erreurs.
1 Laurence Bertrand déteste son travail.
2 Elle ne fait jamais attention à la sécurité routière.
3 Les jeunes Français commencent à conduire à l'âge de dix-sept ans.
4 Ils font un minimum de 22 heures de théorie.
5 Pour accompagner un jeune qui apprend à conduire, un adulte doit avoir 22 ans.
6 La limite de vitesse sur les autoroutes, c'est 150 km/h pour les gens qui n'ont pas passé leur permis de conduire.

sécurité (f) routière road safety
vitesse (f) speed
vitesses (fpl) gears
permis (m) de conduire driving licence

16

French has lots of words which look like English and you can very easily guess their meaning even if you have never seen them before.
In this passage find the French for the words in the box. ⟶

to cultivate   to develop
assurance   competition
initiative   concentration
reflexes   tactical
temperament   individual
artistic   coordination
elegance   minimum   grace
creativity   music   nature
endurance   circulation

Enquête – sport

N'oublie pas de prendre en compte ton tempérament pour choisir la bonne activité. Le sport t'aide à te relaxer. Ça stimule les fonctions vitales du corps (respiration, cœur, peau, circulation de sang, etc.), ça favorise les liens avec les autres gens, et ça t'aide à avoir confiance en toi. Il n'y a pas de raison de refuser de faire du sport. Mais avant de choisir, pense à ces aspects pratiques.

* **L'endroit où tu habites (le ski, c'est un peu difficile si tu habites loin de la montagne . . .)**
* **Le lieu et le coût de l'activité (faire des kilomètres ou vider la tirelire – ça n'est pas la peine – vraiment!)**
* **Tes capacités et ton caractère.**

Même si tu n'es pas sûr(e) de vouloir à 100% continuer à t'entraîner, fais un essai! La première séance est souvent gratuite.

TIP

It will be useful to make a list of such *mots cadeaux* – you may be surprised how easily your vocabulary will expand.

Sports collectifs
Si tu es . . .

. . . souple
Arts martiaux
Les plus: top, si tu veux cultiver certaines valeurs morales et développer l'assurance et l'équilibre.
Compétition: choisis, par exemple, le judo.

. . . adroit(e)
Tennis
Les plus: il t'aide à développer la vitesse, l'initiative, les réflexes et la faculté de concentration!
Compétition: tu dois pouvoir jouer longtemps, sans être trop fatigué(e).

. . . grand(e)
Basket, handball, volley
Les plus: parfaits pour développer le sens collectif, les réflexes et l'esprit tactique.
Compétition: il faut être adroit(e), sauter haut, et avoir de bons réflexes.

Sports individuels
Si tu aimes . . .

. . . la glace
Patinage artistique
Les plus: développe la coordination, l'équilibre et l'élégance. Il te faut un minimum de grâce et de souplesse.
Compétition: Si tu aimes la créativité, le patinage artistique, en musique, est fait pour toi!

. . . la nature
Équitation
Les plus: Si tu aimes les animaux, c'est le sport pour toi!
Compétition: Avec l'entraînement, il est possible de participer à des courses.

. . . l'eau
Natation
Les plus: C'est le sport le plus complet. Mais il faut aimer faire les longueurs. Ce n'est pas la peine d'aller à la piscine juste pour papoter avec tes copines.
Compétition: Tu dois avoir de l'endurance. Tu dois pouvoir nager longtemps et vite.

prendre en compte   to take account of
peau (f)   skin
lien (m)   link
vider   to empty
tirelire (f)   moneybox
faire un essai   to try something out
séance (f)   session
collectif   joint, group
souple   supple
équilibre (m)   balance
sens (m) collectif   team spirit
adroit   skilful
glace (f)   ice
patinage (m)   ice-skating
souplesse (f)   suppleness
course (f)   race
faire des longueurs   to do lengths
papoter   to chat, natter

Test

Use this test to check what you have learnt in this unit.

1 Déchiffrez les phrases.   [7]
Exemple: **1**   Mon chien refuse de manger sa nourriture.
1 chien de nourriture manger Mon refuse sa.
2 Zut! mes de mettre ce chaussettes matin J' oublié ai.
3 Tu m'irriter, commences Martin à.
4 Tu as de jeter affreux, Martin ce pullover besoin.
5 Jeanette intention travailler l' a pas de aujourd'hui n'.
6 Lucille billets et Internet ont de réserver essayé des par Jasmine.
7 J'ai peur préparé, repas de as bizarre que manger ce tu Lucille.
8 Mon mal piercing à me faire commence.

2 Traduisez [*translate*] en anglais.   [8]
1 J'ai décidé d'étudier l'espagnol.
2 Elle vient de ranger sa chambre.
3 Nous avons l'intention d'acheter un ordinateur.
4 Vous avez peur des serpents?
5 Elle essaie de faire ses devoirs.
6 Ils refusent de nous parler.
7 Je viens de téléphoner à mon ami.
8 Si tu as besoin d'argent, demande à ta mère.

3 Cherchez l'intrus!   [5]
1 l'année dernière   hier   demain   la semaine dernière
2 ce soir   demain   il y a une semaine   demain matin
3 il y a trois jours   hier   dans une semaine   l'année dernière
4 dans quinze jours   il y a deux heures   il y a trois jours   hier soir
5 dans trois semaines   dans une heure   il y a une heure   demain

Total points: 20

Unité 18 — Ça va! (6)

Trois mystères

1 Qui a tué Herbert?

Alfonse est employé au centre sportif de St-Évagne. Il travaille comme maître-nageur à la piscine. Lundi dernier, le centre était fermé parce qu'on installait un nouvel escalier. Mardi dernier, Alfonse est arrivé pour commencer son travail, mais – quelle horreur! – il a trouvé le corps de son collègue Herbert dans le parking.

Il a téléphoné tout de suite à la police. Deux policiers sont arrivés. Ils ont posé des questions aux employés et aux clients.
Les questions: Vous étiez où lundi soir à vingt heures? Avec qui? Qu'est-ce que vous faisiez? Voici les réponses. Qui donne des informations fausses?

Marcel
J'étais au cinéma avec Monique. Nous regardions le nouveau film de Tom Cruise. Nous avons passé toute la soirée au cinéma.

Fabienne
J'étais à «la Voix de l'Océan», un restaurant près de la plage. Nous fêtions l'anniversaire de mon mari. Nous parlions et riions jusqu'à onze heures et demie.

Monique
J'étais au cinéma avec Marcel, mon petit ami. Il travaillait avec Justin, mon ancien petit ami. Ils se disputaient constamment à cause de moi.

Valérie
Je travaillais au supermarché comme tous les jours. Après j'ai rencontré mon amie Monique. Elle venait du cinéma et elle rentrait chez elle.

Albert
Je suis garçon de café à «La Voix de l'Océan». Normalement, je travaille le soir mais lundi le restaurant est fermé. J'étais au centre sportif où je jouais au badminton.

Arnaud
J'étais à la maison. Je faisais du bricolage et j'aidais mes enfants avec leurs devoirs. Le soir, je travaille au centre sportif mais ce jour-là le centre était fermé.

2 C'est qui?

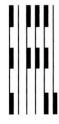

Cet homme a construit un monument visité par des milliards de touristes. Est-ce que vous pouvez identifier son nom? Le monument se trouve dans quel pays et dans quelle ville?

maître-nageur (m) swimming teacher
fêter to celebrate
constamment constantly
bricolage (m) DIY
milliard (m) a billion (thousand million)

C'est incroyable, mais c'est vrai!

3 Lisez le passage puis écoutez. Les phrases que vous entendez, est-ce qu'elles sont vraies ou fausses?

Les petits enfants sont vraiment intelligents!

Ils font une des tâches les plus difficiles du monde – sans difficulté!
Qu'est-ce que c'est, cette tâche? Ils apprennent à parler une langue!
À l'âge d'un an, ils commencent à apprendre des mots individuels.

Le petit enfant moyen apprend alors un nouveau mot toutes les 90 minutes – il apprend 10 nouveaux mots par jour.

En même temps, il analyse les règles de grammaire et il les fixe dans sa mémoire.

À l'âge de trois ans, il est capable d'utiliser sa nouvelle langue sans difficulté.

Un vrai génie!

. . . Et à l'âge de 18 ans, un être humain est capable d'utiliser 60 000 mots.

4 **Chiffres intéressants**

Lisez le passage et regardez les chiffres dans la case.
Travaillez avec un(e) partenaire – décidez ou devinez le chiffre correct pour chaque blanc. Ensuite, votre prof va vous donner les réponses.

7	9	11	20	68	300	4000
5000	6000	9000	10 000
180 000	20 000 000
2 500 000 000	600 000 000

tâche (f) task
moyen average
génie (m) genius
deviner to guess
vit lives
en moyenne on average
à dormir asleep

L'être humain vit en moyenne . . . . ans. On calcule qu'il passe . . . . ans endormi. Son cœur bat . . . . fois et il respire . . . . fois. Pour communiquer avec les autres, il produit . . . . mots, il fait . . . . kilomètres à pied, produit . . . . mètres de cheveux, et les hommes produisent une barbe de . . . . mètres. On consomme en moyenne l'équivalent de . . . . cochons, ... poulets, ... pains, ... kilos de sucre, ... kilos de pommes de terre, ... œufs, et . . . . litres de lait.

Grammar summary

Definitions

Noun	A noun is the name of a person, animal, place, thing or quality.
Examples	nouns un **homme**, **Paul**, un **tigre**, une **maison**, la **ville**, **Paris**, un **CD**, la **boum**
Pronoun	A pronoun is a word that is used in place of a name or noun (e.g. *Jean, les films*), to avoid repetition. • Use subject pronouns (e.g. *il, elles, on*) to replace names or nouns that are the subject. • Use object pronouns (*le, la, l', les*) to replace names or nouns that are the object.
Examples	name noun pronouns used instead of repeating Henri et son frère Voilà **Henri** et son **frère**. **Ils** jouent au volley. Tu **les** vois? subject pronoun object pronoun
Singular	A noun or pronoun is singular if it refers to only one person or thing.
Example	singular pronoun refers to Louise Louise adore les ordinateurs; **elle** est forte en informatique.
Plural	A noun or pronoun is plural if it refers to more than one person or thing.
Example	plural pronoun refers to mes amis Mes amis habitent à Paris. **Ils** aiment la capitale.
Determiner	A determiner is a word like *a*, *the*, *this* or *that*, which qualifies a noun.
Examples	In French, words like *un, une, le, la, les* are determiners.
Gender	A category for nouns, i.e. masculine or feminine.
Examples	**un ordinateur** is masculine, **une équipe** is feminine
Adjective	A word which gives you information about a noun or pronoun. • Demonstrative adjectives are the words for *this/that* (*ce, cette, cet*) and *these/those* (*ces*). • Possessive adjectives (e.g. *mon, sa, leur*) are the words for *my, his, their*, etc.
Examples	adjectives tell you something about Alain/il Alain est **intelligent**; il est **aimable** aussi! demonstrative adjectives Je vais acheter **ce** pull, **cette** jupe, **cet** anorak et **ces** baskets! possessive adjectives **Mes** parents n'aiment pas **mon** copain.

Agreement	Making an adjective plural and/or feminine to match the noun it goes with.
Examples	*The noun is feminine, so the adjective has **e** added:* *une chemise vert**e*** *The noun is feminine plural, so the adjective ending is **es**:* *des chaussettes bleu**es***
Preposition	A word that tells you the position of something.
Examples	*preposition preposition preposition* *La voiture est **dans** la rue. Paris est **en** France. Les posters sont **sur** le lit.*
Verb	A word which describes an action or state.
Examples	*verb verb verb* *Philippe **est** mon frère. Il **adore** la musique, il **joue** dans un groupe avec ses amis.*
Verb tenses	Verbs have different tenses (e.g. present tense, perfect tense). So they also tell you something about the **time** of the verb action or state.
Examples	*present tense perfect tense* *Philippe **adore** la musique, et il **a acheté** une trompette.* *Guillaume **aime** les films, et il **est allé** au cinema.*
Adverb	A word which adds some meaning to a verb – to say, for example, how or when something happened.
Examples	*adverb tells you **how** adverb tells you **when*** *Sophie parle **lentement**. Henri arrive **demain**.*

1 Nouns
1.1 Masculine or feminine
All nouns in French are either masculine or feminine.
- Most nouns ending in -e are feminine:
  une équipe, une ville, la banque, la planète
  But there are many exceptions, e.g. *le disque, le téléphone, le groupe, le fromage, le collège, le système, le cyclisme*
- Most nouns ending in -ion are feminine:
  une décision, une expédition
- Most nouns ending in a consonant or -i, -o or -u are masculine:
  un souvenir, un bikini, le vélo, le genou
  Some exceptions: *la main, la mer, une interview, la radio*

1.2 Singular or plural
- Most nouns add -s in the plural. This -s is not pronounced.
  Singular: *un garçon*   Plural: *des garçons*
  Singular: *le garçon*   Plural: *les garçons*
- Nouns ending -al change to -aux:
  Singular: *un animal*   Plural: *des animaux*
- Nouns ending in -au add -x:
  Singular: *un bateau*   Plural: *des bateaux*

2 Determiners

2.1 a, an

The word for 'a'/'an' in French is *un* for masculine words and *une* for feminine words:

un *animal*, **une** *voiture*

- The plural of *un* and *une* is *des* ('some'):
des *frites*

2.2 the

The word for 'the' is *le* or *la* in the singular. It shortens to *l'* before a vowel or silent *h*:

le *professeur*, **la** *femme*, **l'***animal*, **l'***hôtel*

- The plural form is *les*:
les *professeurs*, **les** *femmes*, **les** *animaux*, **les** *hôtels*

2.3 'some', 'any'

- Masculine: *du, de l'*
*Je voudrais **du** pain. Avez-vous **de l'***argent?*
I would like **some** bread. Have you got **any** money?
- Feminine: *de la, de l'*
*Je vais acheter **de la** limonade. Tu veux **de l'***eau minérale?*
I'm going to buy **some** lemonade. Do you want **some** mineral water?
- Plural: *des*
*J'ai **des** amis en Allemagne.*
I have **some** friends in Germany.
- If you want to say 'not any' then *de* is used on its own:
*Je n'ai pas **d'***argent.*
I haven**'t** got **any** money.

3 Adjectives

3.1 Agreement [see page 13]

Adjectives agree with nouns and pronouns (masculine/feminine and singular/plural). Endings are added to the basic masculine form:

	Masculine	Feminine
Singular	–	-e
Plural	-s	-es

Example:

	Masculine	Feminine
Singular	*un garçon intelligent*	*une fille intelligente*
Plural	*des garçons intelligents*	*des filles intelligentes*

- Adjectives ending in *-e* do not add *-e* in the feminine:
  un pull jaune, une robe jaune
- Adjectives ending in *-s* do not add *-s* in the masculine plural:
  les footballeurs anglais, les fruits frais
- Some adjectives have a feminine form which has other changes:

Masculine	Feminine	Meaning
beau	*belle*	beautiful, lovely
nouveau	*nouvelle*	new
blanc	*blanche*	white
bon	*bonne*	good
gros	*grosse*	large, fat
gentil	*gentille*	nice, kind
italien	*italienne*	Italian
dangereux	*dangereuse*	dangerous
doux	*douce*	soft, sweet
sportif	*sportive*	good at sport
grec	*grecque*	Greek
long	*longue*	long

3.2 Position of adjectives

Adjectives are usually placed after the noun in French:
  *une voiture **rouge**, un site **important**, des livres **intéressants***
- The following are usually placed before the noun:
  beau, petit, joli, gros, gentil, haut, nouveau, jeune, bon, grand
  *Un **bon** film*   A good film
  *Une **nouvelle** émission*   A new programme

3.3 Comparison [see pages 49, 68]

- To compare two people or things you can use *plus ... que* ('more ... than') or *moins que ...* ('less than ...') around the adjective:
  *Mon frère est **plus grand que** mon père.*
  My brother is taller than my dad.
  *À mon avis, le dessin est **moins intéressant que** les maths.*
  In my opinion, art is less interesting than maths.
- To say something is 'better than' another thing, use *meilleur(e)(s) que*:
  *J'adore le chocolat. C'est **meilleur que** les frites.*
  I love chocolate. It's better than chips.

3.4 Superlatives [see page 50]

To say that something is 'the most ...' or 'the least ...', use *le plus/moins* + adjective. Remember that the adjective should always agree with the noun you are describing:
*Le français est la matière **la plus intéressante**.*
French is the most interesting subject.
*Kate est la fille **la plus ambitieuse** de l'école.*
Kate is the most ambitious girl in the school.

To say 'the best', use *le/la/les meilleur(e)(s)*:
Paul est le meilleur footballeur de la classe.
Paul is the best footballer in the class.
La Porsche est la meilleure voiture du monde.
The Porsche is the best car in the world.

3.5 Possessive adjectives

These adjectives correspond to 'my', 'your', 'his', 'her', 'our' and 'their' in English.

- The gender of the adjective depends on the gender of **what is owned**, and whether it is singular or plural. It doesn't matter who is speaking.

	Masculine singular	Feminine singular	Plural (masculine and feminine)
my	*mon*	*ma*	*mes*
your (for *tu*)	*ton*	*ta*	*tes*
his/her/its	*son*	*sa*	*ses*
our	*notre*	*notre*	*nos*
your (for *vous*)	*votre*	*votre*	*vos*
their	*leur*	*leur*	*leurs*

Mon ordinateur est dans ma chambre, et mes disques sont dans mon placard.
My computer is in my bedroom, and my disks are in my cupboard.

- Before a feminine noun that begins with a vowel (e.g. *équipe*), use *mon, ton, son* instead of *ma, ta, sa* if the vowel follows immediately:
Son équipe préférée   His favourite team
But: *Sa petite équipe*   His little team

3.6 Demonstrative adjectives

These adjectives are used to mean *this/that* and *these/those*.

	Masculine	Feminine
Singular	*ce* *cet* – before a vowel or silent *h*	*cette*
Plural	*ces*	*ces*

Tu préfères cette chemise ou ce T-shirt?
Do you prefer this shirt or this T-shirt?

To say 'that . . . / those . . . (over there)', add *-là* to the noun:
Tu vois ces chemises-là?   Do you see those shirts?

4 Pronouns

4.1 Subject pronouns [see pages 25, 56, 82]

These are used to indicate the person doing an action. They are: *je, tu, il, elle, on, nous, vous, ils* and *elles*.

- The pronoun *on* means 'one', 'you', 'people in general':
  *Ici **on** achète **son** billet.*
  You buy **your** ticket here.
  It can also be used to mean 'we':
  ***On** va au cinéma?*
  Shall **we** go to the cinema?

4.2 Object pronouns [see pages 73, 75, 76]

These are *le, la* and *les* and they replace a name or noun, to avoid repetition. *Le* and *la* shorten to *l'* before a vowel. Object pronouns come before the verb.
– *Tu vois le bikini rouge?* Do you see the red bikini?
– *Oui, je **le** vois mais je ne **l'**aime pas!* Yes, I see **it**, but I don't like **it**!

To use these pronouns in the perfect tense, place them before the part of *avoir* or *être* in the verb:
*J'ai vu Paul – tu **l'**as invité à la boum?* I saw Paul – did you invite him to the party?

4.3 Reflexive pronouns

These are used with reflexive verbs (e.g. *s'amuser, se coucher*) and are as follows:

Subject pronoun	Meaning	Reflexive pronoun	Meaning
je	I	*me*	myself
tu	you	*te*	yourself
il/elle/on	he, she, it, one, we, they	*se*	himself, herself, itself, oneself, ourselves, themselves
nous	we	*nous*	ourselves
vous	you	*vous*	yourselves
ils/elles	they	*se*	themselves

*Le vendredi je vais au club, je **m'**amuse bien et je **me** couche assez tard.*
On Fridays I go to the club, I have fun, and I go to bed quite late.

4.4 Strong pronouns

These pronouns can stand on their own, or can appear after words such as *avec* (with), *pour* (for) and *chez* (at the house of):

moi I, me *nous* we, us
toi you *vous* you
***Moi**, je joue au basket samedi. Et **toi**?*
I'm playing basketball on Saturday. How about **you**?

4.5 *y* and *en* [see pages 84, 96]

The words *y* and *en* are also pronouns.

- *y* means 'to it', 'at it', or 'there'. It replaces *à* + noun. Like the other object pronouns, it is placed before the verb:
  Il va à Paris. J'y vais aussi. He's going to Paris. I'm going (there) too.
  Nous habitons à Biarritz. Tu y es allé? We live in Biarritz. Have you been there?
- *en* means 'of it', 'of them' and replaces *de* + noun:
  Nous avons de la glace. Tu en veux? We've got some ice cream. Do you want some (of it)?
  J'ai un chat, mais il en a trois. I've got a cat, but he's got three (of them).

5 Verbs

5.1 The present tense

Use the present tense:
- to say what is happening now:
  Philippe joue au billard en ce moment.
  Philip's playing snooker just now.
- to say what usually happens:
  Je joue au tennis le mercredi.
  I play tennis on Wednesdays.

5.1a The present tense of regular *-er* verbs [see pages 3, 4]

Example: *regarder* (to watch)
je regarde
tu regardes
il/elle/on regarde
nous regardons
vous regardez
ils/elles regardent

Some *-er* verbs have slight spelling changes in some of their forms, although their endings are still regular. In all of them, the spelling change only occurs where the verb ending is not sounded as a separate syllable.

- Change of accent: verbs like *préférer*, *espérer*, *répéter*:
  je préfère
  tu préfères
  il/elle/on préfère
  nous préférons
  vous préférez
  ils/elles préfèrent

- Addition of accent: verbs like *acheter*, *se lever*, *se promener*:
  j'achète
  tu achètes
  il/elle/on achète
  nous achetons
  vous achetez
  ils/elles achètent

- Change to a double letter: verbs like *jeter*, *s'appeler*:
  je m'appelle
  tu t'appelles
  il/elle/on s'appelle
  nous nous appelons
  vous vous appelez
  ils/elles s'appellent

- Change of y to i: verbs like *essayer, envoyer, payer, nettoyer*:
  j'essaie
  tu essaies
  il/elle/on essaie
  nous essayons
  vous essayez
  ils/elles essaient

5.1b The present tense of regular -*re* verbs

[see pages 9, 10]

Example: *vendre* (to sell)
je vends
tu vends
il/elle/on vend
nous vendons
vous vendez
ils/elles vendent

Moi, je vends mon vélo. Et toi, qu'est-ce que tu vends?

Other regular -*re* verbs are: *attendre* (to wait), *descendre* (to go/come down), *entendre* (to hear), *répondre* (to reply, to answer).

5.1c The present tense of -*ir* verbs [see page 12]

There are several kinds of -*ir* verbs. This is how one group works:
Example: *sortir* (to go/come out)
je sors
tu sors
il/elle/on sort
nous sortons
vous sortez
ils/elles sortent

Nous sortons deux fois par semaine, mais mon frère sort tous les soirs!

Other -*ir* verbs like *sortir* are: *dormir* (to sleep), *partir* (to leave), *servir* (to serve).

Another group of -*ir* verbs works differently. This group includes: *choisir* (to choose), *finir* (to finish), and this is how they work:
je finis
tu finis
il/elle/on finit
nous finissons
vous finissez
ils/elles finissent

5.2 The present tense of irregular verbs

Some of the most useful verbs are irregular, so have to be learned by heart. Here are some of the most useful ones.

être to be	*avoir* to have	*aller* to go
je suis	*j'ai*	*je vais*
tu es	*tu as*	*tu vas*
il/elle/on est	*il/elle/on a*	*il/elle/on va*
nous sommes	*nous avons*	*nous allons*
vous êtes	*vous avez*	*vous allez*
ils/elles sont	*ils/elles ont*	*ils/elles vont*

pouvoir to be able to	*vouloir* to want to	*devoir* to have to	*faire* to do, to make
je peux	*je veux*	*je dois*	*je fais*
tu peux	*tu veux*	*tu dois*	*tu fais*
il/elle/on peut	*il/elle/on veut*	*il/elle/on doit*	*il/elle/on fait*
nous pouvons	*nous voulons*	*nous devons*	*nous faisons*
vous pouvez	*vous voulez*	*vous devez*	*vous faites*
ils/elles peuvent	*ils/elles veulent*	*ils/elles doivent*	*ils/elles font*

dire to say	*écrire* to write	*boire* to drink	*lire* to read
je dis	*j'écris*	*je bois*	*je lis*
tu dis	*tu écris*	*tu bois*	*tu lis*
il/elle/on dit	*il/elle/on écrit*	*il/elle/on boit*	*il/elle/on lit*
nous disons	*nous écrivons*	*nous buvons*	*nous lisons*
vous dites	*vous écrivez*	*vous buvez*	*vous lisez*
ils/elles disent	*ils/elles écrivent*	*ils/elles boivent*	*ils/elles lisent*

mettre to put	*ouvrir* to open	*prendre* to take	*recevoir* to receive
je mets	*j'ouvre*	*je prends*	*je reçois*
tu mets	*tu ouvres*	*tu prends*	*tu reçois*
il/elle/on met	*il/elle/on ouvre*	*il/elle/on prend*	*il/elle/on reçoit*
nous mettons	*nous ouvrons*	*nous prenons*	*nous recevons*
vous mettez	*vous ouvrez*	*vous prenez*	*vous recevez*
ils/elles mettent	*ils/elles ouvrent*	*ils/elles prennent*	*ils/elles reçoivent*

savoir to know	*tenir* to hold	*venir* to come	*voir* to see
je sais	*je tiens*	*je viens*	*je vois*
tu sais	*tu tiens*	*tu viens*	*tu vois*
il/elle/on sait	*il/elle/on tient*	*il/elle/on vient*	*il/elle/on voit*
nous savons	*nous tenons*	*nous venons*	*nous voyons*
vous savez	*vous tenez*	*vous venez*	*vous voyez*
ils/elles savent	*ils/elles tiennent*	*ils/elles viennent*	*ils/elles voient*

5.3 *depuis* + present tense [see page 11]

The meaning of *depuis* is 'since' or 'for'. When the action is still going on, you use the present tense in French, even though in English you would use a past tense:

*Il **apprend** le français depuis deux ans.*
He **has been learning** French for two years.
*Nous **attendons** le bus depuis une heure.* We **have been waiting** for the bus for one hour/since one o'clock.

5.4 Expressions with *avoir* [see page 23]

The verb *avoir* is normally translated as 'to have', but there are a number of common expressions which use *avoir* translated as 'to be' in English.

avoir … ans to be … years old
avoir faim to be hungry
avoir soif to be thirsty
avoir chaud to be hot
avoir froid to be cold
avoir raison to be right
avoir tort to be wrong
avoir peur (de …) to be afraid (of …)
avoir besoin de … to be in need of …, to need

5.5 Imperatives: instructions and suggestions
[see pages 22, 48]

This is the form of the verb used to give instructions, make suggestions or give advice.

- Verbs ending in *-er*:
  For the *tu* form, drop *tu*, and drop the *-s*.
  Tu regardes cette image. → ***Regarde** cette image!*
  Look at this picture!
  For the *vous* form, just drop the *vous*:
  Vous regardez ces gâteaux. → ***Regardez** ces gâteaux!*
  Look at those cakes!

- Verbs ending in *-re* or *-ir*:
  Simply drop the *tu* or *vous*:
  Attends! Wait!
  ***Sortez** avec nous!* Come out with us!

5.6 Talking about the future [see pages 55, 60]

To talk about the future, you can use *aller* with the infinitive of any other verb:

Je **vais regarder** la télé.
I'm going to watch TV.

5.7 Using the perfect tense to talk about the past

This tense tells you what happened at a certain moment in the past.

5.7a Perfect tense with *avoir* [see pages 27, 30]

You can often recognise the perfect tense when you see a part of *avoir* followed by a past participle (e.g. *regardé, vendu, servi*).

j'**ai** regardé	I watched	J'**ai** vendu
tu **as** regardé	you watched	I sold
il/elle/on **a** regardé	he/she/etc. watched	J'**ai** servi
nous **avons** regardé	we watched	I served
vous **avez** regardé	you watched	
ils/elles **ont** regardé	they watched	

5.7b Perfect tense with *être* [see pages 37, 45]

Some verbs use *être* for the perfect tense. With these verbs, the past participle has to agree with its subject:

je suis allé**(e)** I went	nous sommes allé**(e)s**
tu es allé**(e)**	vous êtes allé**(e)(s)**
il est allé	ils sont allé**s**
elle est allé**e**	elles sont allé**es**
on est allé**(e)(s)**	

*Ma sœur **est allée** au cinéma mais Philippe et Pierre **sont allés** au club. Nous **sommes restés** à la maison.*

Other verbs that take *être* in the perfect tense: *aller, venir; arriver, partir; entrer, sortir; monter, descendre; mourir, naître; rester, tomber; retourner, rentrer.* (You might find it easiest to remember these verbs in the 'pairs' listed here.)

Reflexive verbs take *être* in the perfect tense. The past participle agrees with the subject:

Je me suis promené(e) I went for a walk
Nous nous sommes levé(e)s We got up

5.8 Irregular past participles

Some verbs have an irregular past participle. Here are a few:

Infinitive	Past participle
boire to drink	*bu*
descendre to go down	*descendu(e)(s)*
devoir to have to	*dû*
dire to say	*dit*
écrire to write	*écrit*
faire to make, to do	*fait*
lire to read	*lu*
mettre to put	*mis*
mourir to die	*mort(e)(s)*
naître to be born	*né(e)(s)*
ouvrir to open	*ouvert*
pouvoir to be able (to)	*pu*
prendre to take	*pris*
recevoir to receive	*reçu*
savoir to know (a fact)	*su*
tenir to hold	*tenu*
venir to come	*venu(e)(s)*
vouloir to want (to)	*voulu*
voir to see	*vu*

5.9 Using the imperfect tense to talk about the past [see pages 91, 92, 93, 94, 95]

The imperfect is a tense referring to the past. It is often used together with the perfect. The two tenses have different meanings:

Perfect	Imperfect
Il a parlé. He spoke./ He has spoken.	*Il parlait*. He was speaking./ He used to speak.

While the perfect refers to actions which have had a definite end, the imperfect refers to descriptions and to continuous, repeated or habitual actions:
Quand il est arrivé, son père lavait la voiture.
When he arrived, his father was washing the car.
On a visité l'Italie quand j'avais huit ans.
We visited Italy when I was eight.

To form the imperfect, take the *nous* part of the present and remove the *-ons*. Then add the endings, which are the same for all verbs:
je parlais   nous parlions
tu parlais   vous parliez
il parlait   ils parlaient
Note: the only exception to this rule of formation is *être*: the 'stem' is *ét-* (but the endings are as usual):
j'étais
tu étais
etc.

5.10 Using two verbs together [see pages 63, 99, 102]

French often uses two verbs in a sentence. The basic rule is: the second of the two verbs is in the infinitive. But there are three different ways the infinitive can be connected to the first verb.

5.10a Nothing between main verb and infinitive

[see page 79]

J'adore manger les champignons. I love eating mushrooms.
Elle doit rester à la maison. She must stay at home.

Verbs in this group include:

adorer	to love to
aimer	to like/love to
aller	to go/be going to
compter	to expect to
détester	to hate to
devoir	to have to/must
espérer	to hope to
il faut	it is necessary to
pouvoir	to be able to
préférer	to prefer to
savoir	to know how to
vouloir	to want to

- To say 'If …', use *Si* … :
  Si tu veux sortir ce soir, tu *dois finir* tes devoirs.
  If you want to go out this evening, you'll have to finish your homework.
  Si on va au cinéma, on peut voir le nouveau film.
  If we go to the cinema, we can see the new film.

5.10b Verbs joined by using *de* (*d'* in front of a vowel or a silent h)

Ils ont décidé de prendre le train. They decided to take the train.
J'ai oublié de faire mes devoirs. I forgot to do my homework.

Verbs in this group include:

avoir besoin de	to need to
avoir envie de	to want to
avoir l'intention de	to intend to
avoir peur de	to be afraid to
décider de	to decide to
essayer de	to try to
oublier de	to forget to
refuser de	to refuse to
venir de	to have just

5.10c Verbs joined by using *à*

Il a commencé à pleuvoir. It has started to rain.

Verbs in this group include:

aider à	to help to
commencer à	to start/begin to
continuer à	to continue to
demander à	to ask to
hésiter à	to hesitate to

6 Negatives [see pages 19, 20, 30]

- To make a sentence negative, use *ne … pas* around the verb:
  *Lucy **ne** mange **pas** de viande – elle est végétarienne!*
  Lucy **doesn't** eat meat – she's vegetarian!

- To say 'never', 'nothing', 'no more/longer', 'nobody/no one', use the following negatives around the verb:
  ne … jamais   never
  ne … rien   nothing
  ne … plus   no longer, no more
  ne … personne   nobody, no one
  *Je **ne** vois **rien**.* I see nothing./I don't see anything.
  *Je **ne** parle **jamais** avec John.* I never talk to John.
  Note: in all negatives, before a vowel or a silent *h*, *ne* becomes *n'*.
  *Il **n'**habite **plus** ici.* He no longer lives here.

- To make a reflexive verb negative, place *ne … pas* (or other negative) around the whole verb including the pronoun:
  *Je **ne** me couche **pas**.* I'm not going to bed.
  *Il **ne** se lave **jamais**.* He never washes.

- To make a verb in the perfect tense negative, place *ne … pas/jamais/plus* around the *avoir/être* part of the verb:
  *Je **n'**ai **pas** vu Ahmed.* I didn't see/haven't seen Ahmed.
  *Nous **ne** sommes **jamais** allés au cinéma.* We never went to the cinema.

7 Time expressions [see pages 5, 31, 64, 86]

Past	Present	Future
hier yesterday	*aujourd'hui* today	*demain* tomorrow
hier matin yesterday morning	*ce matin* this morning	*demain matin* tomorrow morning
hier après-midi yesterday afternoon	*cet après-midi* this afternoon	*demain après-midi* tomorrow afternoon
hier soir yesterday evening	*ce soir* this evening	*demain soir* tomorrow evening
la semaine dernière last week	*cette semaine* this week	*la semaine prochaine* next week
il y a un an one year ago		*dans trois ans* in three years

8 Adverbs

Adverbs give extra meaning by adding some information about an action, for example saying:

- **how** something happens ('She sings **badly**');
- **when** or **how often** something happens ('She arrived **yesterday**', 'The postman delivers **daily**');
- **where** something happens ('There was water **everywhere**').

Here is a list of useful adverbs:

beaucoup	a lot	*partout*	everywhere
bien	well	*peu*	little
demain	tomorrow	*rarement*	rarely
évidemment	obviously	*souvent*	often
hier	yesterday	*tard*	late
le matin	in the morning	*tôt*	early
le soir	in the evening	*toujours*	always
lentement	slowly	*tous les jours*	every day
maintenant	now	*trop*	too much
mal	badly	*vite*	quickly
malheureusement	unfortunately		

9 Prepositions [see pages 15, 41]

These words describe the position of one thing in relation to another. Here are the most useful ones you have learned so far:
à, avec, chez, dans, de, devant, derrière, en, entre, pour, sous, sur
Note: *à + le → au: Nous allons au cinéma.*
de + le → du: Mes copains mangent du chocolat.

- With feminine countries, use *en*: **en** *France*
  With most masculine countries, use *au*: **au** *Japon*
  With plural countries, use *aux*: **aux** *États-Unis*

Some prepositions are short phrases, e.g. *en face de* (opposite), *à côté de* (beside, next to), *près de* (near), *au-dessus de* (above). The *de* changes according to the noun that follows:
Mettez la table **à côté du** *lit,* **en face de la** *porte,* **près des** *fenêtres.*
Put the table beside the bed, opposite the door, near the windows.

10 Questions and answers [see page 14]

10.1 Yes/no questions

These are asked by raising the pitch of the voice at the end of the sentence. You can also add *est-ce que* to the beginning:
Tu vas au collège aujourd'hui?
Est-ce que tu vas au collège aujourd'hui?
Are you going to school today?

10.2 Question words

Questions which are asking for specific information are introduced by the following:

Qu'est-ce que . . . ?	What . . . ?
Qui . . . ?	Who . . . ?
Où (est-ce que) . . . ?	Where . . . ?
Quand (est-ce que) . . . ?	When . . . ?
Pourquoi (est-ce que) . . . ?	Why . . . ?
Combien (de) . . . ?	How much, how many . . . ?

11 Numbers and dates

11.1 High numbers

70 = 60 + 10   *soixante-dix*
80 = 4 × 20   *quatre-vingts*
90 = (4 × 20) + 10   *quatre-vingt-dix*
100   *cent*
200   *deux cents*
230   *deux cent trente*
1000   *mille*

11.2 Ordinal numbers ('first', 'second', etc.)

first	*premier, première*	sixth	*sixième*
second	*deuxième*	seventh	*septième*
third	*troisième*	eighth	*huitième*
fourth	*quatrième*	ninth	*neuvième*
fifth	*cinquième*	tenth	*dixième*

Ma première école   My first school
Le deuxième cours   The second lesson
Notice the spelling of *quatrième, cinquième, neuvième*.

11.3 Dates

- For most dates, in French we use cardinal numbers (*deux, trois*, etc.):
  *le **quatre** janvier*   the **fourth** of January
  *le **vingt et un** août*   the **twenty-first** of August
  But for the **first** we use the ordinal number:
  *le **premier** mars*   the **first** of March
- Use just *le* + the date to say 'on . . .':
  ***le** onze novembre*   **on the** eleventh of November
- Use *du . . . au . . .* to say 'from . . . to . . .':
  du trois **au** huit juillet   from the third to the eighth of July

11.4 Measurements and quantity

- Use *sur* to mean 'by' in dimensions:
  *La piscine mesure 25 mètres **sur** 14.*
  The pool measures 25 metres **by** 14.
- Use *de* after a given quantity:
  *un kilo **de** pommes*   a kilo of apples
  *un paquet **de** chips*   a packet of crisps
  *une bouteille **de** coca*   a bottle of cola

French–English vocabulary

à l'appareil *on the phone, speaking*
à l'étranger *abroad*
abord, d' *first of all*
abri (m) *shelter*
actualités (fpl) *news, current affairs*
adroit *skilful*
aéroport (m) *airport*
affaires (fpl) *things, belongings*
aigle (m) *eagle*
aller-retour *there and back, return*
alpinisme (m) *mountain climbing*
améliorer *to improve*
aménagé *equipped*
appartement (m) *flat*
apporter *to bring*
après *after, afterwards*
as (m) du travail *first-rate worker*
aspirine (f) *aspirin*
attendre *to wait (for)*
attirer *to attract*
attraper *to catch*
aucun *not a single*
au-dessus de *above*
autant que possible *as much as possible*
automobiliste (m/f) *(car) driver*
avec dix minutes de retard *ten minutes late*
avenir (m) *future*
avoir le trac (m) *to suffer from nerves, stage fright*

bande (f) dessinée *comic book/strip*
basilic (m) *basil*
bas *low*
battre *to beat*
bavarder *to chat*
beaucoup de *lots of*
berger (m) *shepherd*
bientôt *soon*
bizarre *strange*
blague (f) *joke*
blessure (f) *injury, wound*
bœuf (m) hâché *minced beef*
boisé *wooded*
boisson (f) *drink*
bonheur (m) *happiness*
bonne heure, de *early (in good time)*
bord (m) *edge, side*
bosseur (m), bosseuse (f) *grafter, hard worker*
boucher (m) *butcher*

boucle (f) d'oreille *earring*
boulanger (m) *baker*
boulot (m) *job*
Bretagne (f) *Brittany*
breton, -nne *Breton (from Brittany)*
bricolage (m) *DIY*
briller *to shine*
se bronzer *to sunbathe, to get a tan*
brûler (se) *to burn (yourself)*
bureau (m) *office*
bureau (m) des objets trouvés *lost property office*

cadeau (m) *present, gift*
caissier (m), caissière (f) *cashier, till operator*
calme *peaceful, quiet*
camion (m) *lorry*
camionnette (f) *van*
camionneur (m) *lorry driver*
campagne (f) *countryside*
caniche (m) *poodle*
cas (m) d'urgence *emergency*
cesser *to stop (doing something)*
chaleur (f) *heat*
champignon (m) *mushroom*
chanson (f) *song*
chaud, avoir *to be hot*
chaud *hot, warm*
chauffé *heated*
chauve *bald*
cheville (f) *ankle*
chorale (f) *choir*
chose (f) *thing*
clavier (m) *keyboard (musical or computer)*
climat (m) *climate*
cloche (f) *bell*
cobaye (m) *guinea pig*
cœur (m) *heart*
coiffer, se *to do one's hair*
collectif, -ve *joint, group (adj.)*
collégien (m) *school pupil*
colline (f) *hill*
comme d'habitude *as usual*
compter *to count; to plan to*
concours (m) *competition*
conduire *to drive*
connaître *to know (a person)*
conseillé *recommended*
constamment *constantly*
construire *to build, to construct*
contraire (m) *opposite*
cosmonaute (m/f) *cosmonaut*
côte (f) *coast(line)*
côté (m) *side*

côte à côte *side by side*
coucher (m) du soleil *sunset*
coucher en plein air *to sleep outdoors*
coucher, se *to go to bed*
coupable (m/f) *guilty person, culprit*
cours (mpl) particuliers *private lessons*
course (f) *race*
couteau (m) *knife*
créer *to create*
crème (f) anglaise *custard*
cuillère (f) *spoon*

dans le coin *nearby*
dard (m) *spear*
débrouiller, se *to manage, to get by*
décider *to decide*
découvrir *to discover*
déçu *disappointed*
déguster *to taste, try (food or drink)*
démodé *old-fashioned, unfashionable*
dépêcher, se *to hurry, to rush*
dépliant (m) *(folded) leaflet*
déranger *to disturb*
détendre, se *to relax*
devenir *to become*
deviner *to guess*
disponible *available*
distribuer *to distribute, to deliver*
doigt (m) *finger*
doué *gifted, talented*
doux *mild (climate), soft*
dresser une tente *to put up a tent*
durer *to last*

éclat (m) *brilliance*
écrasé *crushed*
émission (f) *TV programme*
en cas d'urgence *in an emergency*
en face de *opposite*
en moyenne *on average*
endormi *asleep*
endormir, s' *to fall asleep, to go to sleep*
endroit (m) *place, spot*
énergique *energetic*
enfance (f) *childhood*
enfoncer *to push in*
ennuyeux, -se *boring*
enregistrement (m) *recording*

enregistrer *to record*
enrhumé, être *to have a cold*
enrhumer, s' *to catch a cold*
ensemble *together*
entre *between*
envie, avoir envie de *to want*
environ *about, approximately*
épinards (mpl) *spinach*
épineux *spiky*
éplucher *to peel (vegetables)*
équilibre (m) *balance*
escalade (f) *(rock) climbing*
escargot (m) *snail*
espace (m) *(outer) space*
espèce (f) *species*
espérance (f) de vie *life expectancy*
espérer *to hope*
essayer *to try*
étage (m) *floor, level, storey*
état (m) *state*
étoile (f) *star*
étranger (m) étrangère (f) *foreigner*
évident *obvious*
éviter *to avoid*
examen (m) *exam*
extrait (m) *extract*

faire des longueurs *to do lengths*
faire pipi *to pee*
faire un essai *to try something out*
fauteuil (m) *armchair*
fenêtre (f) *window*
fermier (m) *farmer*
fêter *to celebrate*
feuilleton (m) *soap opera*
flaque (f) d'eau *puddle*
four (m) à micro-ondes *microwave oven*
fournisseurs (mpl) *suppliers*
frais *fresh, cool*
fraise (f) *strawberry*
frein (m) *brake*
frigo (m) *fridge*
froid, avoir *to be cold*
fruits (mpl) de mer *seafood*
fumée (f) *smoke*
fusée (f) *rocket*

gagner *to win; to earn*
gant (m) *glove*
gazeux *fizzy*
génie (m) *genius*
gens (mpl) *people*
gentil *kind, nice*
gîte (m) *holiday home*

glace (f) *ice*
gommer *to rub out*
gorge (f) *throat*
grande surface (f) *hypermarket, superstore*
grandeur (f) *size*
grasse matinée (f), faire la *to have a lie-in*
gratuit *free (of charge)*
grisé *carried away by*

habiller, s' *to get dressed*
habituellement *usually*
haute voix, à *out loud, loudly*
hauteur (f) *height*
histoire (f) *history; story*

imperméable (m) *raincoat*
impressionné *impressed*
inconvénient (m) *disadvantage*
informatique (f) *computer technology, computing*
inhalateur (m) *inhaler*
inoubliable *unforgettable*
s'inquiéter *to worry*
intrus (m) *odd one out*

jeter *to throw, to throw away*
journal (m) *newspaper*

là-bas *down there*
là-haut *up there*
laisser *to leave*
langue (f) *language*
langue (f) étrangère *foreign language*
lapin (m) *rabbit*
largeur (f) *width*
lave-linge (m) *washing machine*
laver, se *to wash (yourself), have a wash*
lave-vaisselle (m) *dishwasher*
leçon (f) *lesson*
légume (m) *vegetable*
lever, se *to get up*
librairie (f) *bookshop*
libre *free*
lien (m) *link*
lieu (m); au lieu de *place; instead of*
lieu, avoir *to take place*
liftier (m) *lift attendant*
livret (m) *booklet*
location (f) *rent, hire*
loin *far*
louer *to hire (out), to rent (out)*
loup (m) *wolf*
lunettes (fpl) *glasses (spectacles)*

maïs (m) *sweetcorn*
maître (m) *master*
maître-nageur (m) *swimming teacher*
mal, avoir *to hurt, to be sore*
malade *ill*
malheureusement *unfortunately*
manquer *to be missing*
maquiller, se *to put on make-up*
marchand (m) *shopkeeper, trader*
marchands (mpl) *tradesmen*
marcher *to walk*
marquer un but *to score a goal*
marteau (m) *hammer*
matière (f) *school subject*
mauvaise humeur, de *in a bad mood*
meilleur *better, best*
menace (f) *threat*
merveille (f) *marvel, wonder*
mieux payé *better paid*
milliard (m) *a thousand million, billion*
mince *thin, slim*
ministre (m) *minister (political)*
monde (m); tout le monde *world; everyone*
montrer *to show*
moquer de, se *to make fun of*
mordre *to bite*
moyen *average*

narine (f) *nostril*
nettoyer *to clean*
ni... ni... *neither... nor...*
nourriture (f) *food*
nul (m) *a useless type*

obligatoire *compulsory*
occuper de, s' *to be concerned with*
oiseau (m) *bird*
orage (m) *storm*
ou... ou... *either... or ...*
ours (m) *bear*

pamplemousse (m) *grapefruit*
papillon (m) *butterfly*
papoter *to chat, to natter*
parachutisme (m) *parachuting*
parapluie (m) *umbrella*
parking (m) *car park, parking space*
participer à *to take part in*
partir de, à *from*
passant (m) *passer-by*
passer *to pass by, to call (in)*

passer bien, se *to go well*
passer, se *to happen*
pâtes (fpl) *pasta*
patinage (m) *ice-skating*
patte (f) *paw, animal's leg*
pauvre *poor*
paysage (m) *landscape*
peau (f) *skin*
pêche (f) *fishing*
peigner, se *to comb one's hair*
pendant *during*
pénible, être *to be a nuisance*
perdre *to lose*
périr *to decay*
permis (m) de conduire *driving licence*
pérroquet (m) *parrot*
personne *nobody*
petit ami (m) *boyfriend*
petit pois (m) *pea*
peu près, à *roughly, approximately*
physique (f) *physics*
piquer *to sting, to bite*
piqûre (f) *injection, sting*
pittoresque *picturesque*
place (f) *space (room)*
planche (f) à voile *windsurfing*
plat (m) *dish, course*
pleuvoir *to rain*
plongée (f) *diving*
plongée (f) sous-marine *deep-sea diving*
pluie (f) *rain*
plus tard *later*
poissonnier (m) *fishmonger*
pont (m) *bridge*
porte-bonheur (m) *lucky charm*
portefeuille (m) *wallet*
possibilité (f) *possibility*
potager (m) *vegetable garden*
poupée (f) *doll*
pousser *to push*
prendre en compte *to take account of*
préparatifs (mpl) *preparations*
presque *almost*
prévision (f) *forecast*
prévoir *to forecast*
prochain *next*
profondeur (f) *depth*
programmeur (m) *computer programmer*
projet (m) *plan*
promener, se *to go for a walk*
propriétaire (m/f) *owner*
puits (m) *well*

quelque chose *something*
quelquefois *sometimes*
quinzaine (f) *fortnight*
quitter *to leave (someone, somewhere)*

raconter *to tell, relate, recount (a story)*
raison (f); avoir raison *reason; to be right*
randonnée (f) *walk, hike*
rangée (f) *row, aisle*
raser, se *to shave*
réapparaître *to re-appear*
recevoir *to receive*
régime (m) *diet*
regretter *to be sorry, to regret*
régulièrement *regularly*
remarquer *to notice*
remède (m) *remedy, cure*
rencontrer *to meet*
rendre compte, se *to realise*
renommé *well known, with a good reputation*
renseignements (mpl) *information*
rentrée (f) des classes *new school year*
respirer *to breathe*
réveiller, se *to wake up*
revue (f) *magazine*
rien *nothing*
risquer *to risk*
ronflement (m) *snoring*
ronfler *to snore*
rougir *to blush*
Royaume-Uni (m) *UK*

sable (m) *sand*
sac (m) de couchage *sleeping bag*
sain *healthy*
saison (f) *season*
salaire (m) *salary, pay*
sans domicile fixe *with no fixed abode, homeless*
santé (f) *health*
sauf *except*
saut (m) à l'élastique *bungee-jumping*
sauter *to jump*
savoir *to know (facts)*
savon (m) *soap*
scientifique (m/f) *scientist*
SDF (m) *homeless person*
séance (f) *session*
sécurité (f) routière *road safety*
séjour (m) *stay, visit*
selon *according to*
sens (m) collectif *team spirit*

sentier (m) *path*
sentir, se *to feel*
serviette (f) *towel*
seul *alone*
shampooing (m) *shampoo*
Sida (m) *Aids*
signification (f) *significance*
slip (m) de bain *swimming trunks*
snowboard (m) *snowboard, snowboarding*
soif, avoir *to be thirsty*
soigner *to take care of, to nurse*
sommet (m) *top, summit*
sortie (f) *exit; outing*
souple *supple*
souplesse (f) *suppleness*
souris (f) *mouse*
spéléologie (f) *pot-holing*
stage (m) *course*
stressé *stressed*
surtout *especially*

tâche (f) *task*
tard *late*
tas (m) *heap, pile*
terre (f) *earth*
timbre (m) *postage stamp*
tirelire (f) *moneybox*
tirer *to pull*
tiroir (m) *drawer*
tomber en panne *to break down, to go wrong (machines)*
ton avis, à *in your opinion*
tôt *early*
toujours *still; always*
tournevis (m) *screwdriver*
tous les deux *both*
toute vitesse, à *at top speed*
traduire *to translate*
tranche (f) *slice*
tranquille *quiet, peaceful*

vaisselle, faire la *to wash up*
varié *varied*
véhicule (m) *vehicle*
vendre *to sell*
vers *at about*
vêtements (mpl) *clothes*
vétérinaire (m/f) *vet*
vider *to empty*
VIH (m) *HIV*
violon (m) *violin*
vitesse (f) *speed*
vivre *to live*
voisin (m) *neighbour*
voyage (m) *journey*
VTT (m) = vélo tout terrain *mountain bike*

English–French vocabulary

about *environ*
above *au-dessus de*
abroad *à l'étranger*
according to *selon*
after, afterwards *après*
Aids *Sida (m)*
airport *aéroport (m)*
almost *presque*
alone *seul*
ankle *cheville (f)*
armchair *fauteuil (m)*
as usual *comme d'habitude*
asleep *endormi*
aspirin *aspirine (f)*
at about *vers*
attract, to *attirer*
available *disponible*
average *moyen*
avoid, to *éviter*

baker *boulanger (m)*
balance *équilibre (m)*
bald *chauve*
bear *ours (m)*
beat, to *battre*
become, to *devenir*
bed, to go to *se coucher*
bell *cloche (f)*
belongings *affaires (fpl)*
better *meilleur*
between *entre*
billion *milliard (m)*
bird *oiseau (m)*
bite, to *mordre*
blush, to *rougir*
booklet *livret (m)*
bookshop *librairie (f)*
boring *ennuyeux, -se*
both *tous les deux*
boyfriend *petit ami (m)*
brake *frein (m)*
break down, to *tomber en panne*
breathe, to *respirer*
bridge *pont (m)*
bring, to *apporter*
build, to *construire*
bungee-jumping *saut (m) à l'élastique*
burn, to (yourself) *brûler (se)*
butcher *boucher (m)*

car park *parking (m)*
cashier *caissier (m), caissière (f)*
catch, to *attraper*
celebrate, to *fêter*
chat, to *bavarder*
childhood *enfance (f)*

choir *chorale (f)*
clean, to *nettoyer*
climate *climat (m)*
climbing (mountain) *alpinisme (m)*
climbing (rock) *escalade (f)*
clothes *vêtements (mpl)*
coast(line) *côte (f)*
cold, to be *avoir froid*
cold, to catch a *s'enrhumer*
cold, to have a *être enrhumé*
comb one's hair, to *se peigner*
comic book/strip *bande (f) dessinée*
competition *concours (m)*
compulsory *obligatoire*
computer programmer *programmeur (m)*
computer technology *informatique (f)*
concerned with, to be *s'occuper de*
constantly *constamment*
cool *frais*
cosmonaut *cosmonaute (m/f)*
count, to *compter*
countryside *campagne (f)*
course *stage (m)*
create, to *créer*

decide, to *décider*
deep-sea diving *plongée (f) sous-marine*
depth *profondeur (f)*
diet *régime (m)*
disadvantage *inconvénient (m)*
disappointed *déçu*
discover, to *découvrir*
dish *plat (m)*
dishwasher *lave-vaisselle (m)*
distribute, to *distribuer*
disturb, to *déranger*
diving *plongée (f)*
DIY *bricolage (m)*
down there *là-bas*
drawer *tiroir (m)*
drink *boisson (f)*
drive, to *conduire*
driver (car) *automobiliste (m/f), conducteur (m), conductrice (f)*
driving licence *permis (m) de conduire*
during *pendant*

early (in good time) *de bonne heure*
early *tôt*
earring *boucle (f) d'oreille*

earth *terre (f)*
edge *bord (m)*
either... or... *ou... ou...*
emergency *cas (m) d'urgence*
empty, to *vider*
energetic *énergique*
equipped *aménagé*
especially *surtout*
everyone *tout le monde*
exam *examen (m)*
except *sauf*
exit *sortie (f)*

fall asleep, to *s'endormir*
far *loin*
farmer *fermier (m)*
feel, to *sentir, se*
finger *doigt (m)*
first of all *d'abord*
fishing *pêche (f)*
fishmonger *poissonnier (m)*
fizzy *gazeux*
flat *appartement (m)*
floor (storey) *étage (m)*
food *nourriture (f)*
forecast *prévision (f)*
forecast, to *prévoir*
foreign language *langue (f) étrangère*
foreigner *étranger (m) étrangère (f)*
fortnight *quinzaine (f)*
free (no charge) *gratuit*
free *libre*
fresh, cool *frais*
fridge *frigo (m)*
from *à partir de*
future *avenir (m)*

get dressed, to *s'habiller*
get up, to *se lever*
glasses (spectacles) *lunettes (fpl)*
glove *gant (m)*
grapefruit *pamplemousse (m)*
guess, to *deviner*
guilty person, culprit *coupable (m)*
guinea pig *cobaye (m)*

happen, to *passer, se*
happiness *bonheur (m)*
health *santé (f)*
healthy *sain*
heart *cœur (m)*
heat *chaleur (f)*
heated *chauffé*
height *hauteur (f)*
hill *colline (f)*

hire (out), to *louer*
history *histoire (f)*
HIV *VIH (m)*
holiday home *gîte (m)*
homeless *sans domicile fixe*
homeless person *SDF (m/f)*
hope (for), to *espérer*
hot, to be *avoir chaud*
hot *chaud*
hurry, to *se dépêcher*
hurt, to *avoir mal*
hypermarket *grande surface (f)*

ice *glace (f)*
ice-skating *patinage (m)*
ill *malade*
impressed *impressionné*
improve, to *améliorer*
information *renseignements (mpl)*
injection *piqûre (f)*
injury *blessure (f)*

joke *blague (f)*
journey *voyage (m)*
jump, to *sauter*

keyboard (musical or computer) *clavier (m)*
kind *gentil*
knife *couteau (m)*
know (a person), to *connaître*
know (facts), to *savoir*

landscape *paysage (m)*
language *langue (f)*
last, to *durer*
late *tard*
late (overdue) *en retard*
later *plus tard*
leaflet *dépliant (m)*
leave, to *laisser*
leave, to (someone, somewhere) *quitter*
lesson *leçon (f)*
lie-in, to have a *faire la grasse matinée (f)*
life expectancy *espérance (f) de vie*
link *lien (m)*
live, to *vivre*
lorry *camion (m)*
lorry driver *camionneur (m)*
lose, to *perdre*
lost property office *bureau (m) des objets trouvés*
lots of *beaucoup de*
low *bas*

magazine *revue (f), magazine (m)*
make fun of, to *se moquer de*
meet, to *rencontrer*
microwave oven *four (m) à micro-ondes (m)*
mild (climate) *doux*
minced beef *bœuf (m) hâché*
minister (political) *ministre (m)*
missing, to be *manquer*
mountain bike *VTT (m) = vélo tout terrain*
mouse *souris (f)*
mushroom *champignon (m)*

nearby *dans le coin*
neighbour *voisin (m)*
neither... nor... *ni... ni...*
news *actualités (fpl)*
newspaper *journal (m)*
next *prochain*
nobody *personne*
nothing *rien*
notice, to *remarquer*
nuisance, to be a *être pénible*

obvious *évident*
odd one out *intrus (m)*
office *bureau (m)*
old-fashioned *démodé*
opposite (contrary) *contraire (m)*
opposite (position) *en face de*
owner *propriétaire (m/f)*

parachuting *parachutisme (m)*
pass by, to *passer*
passer-by *passant (m)*
pasta *pâtes (fpl)*
path *sentier (m)*
pea *petit pois (m)*
peaceful *calme, tranquille*
peel (vegetables), to *éplucher*
people *gens (mpl)*
physics *physique (f)*
picturesque *pittoresque*
place; instead of *lieu (m); au lieu de*
place (spot) *endroit (m)*
plan *projet (m)*
poor *pauvre*
possibility *possibilité (f)*
postage stamp *timbre (m)*
pot-holing *spéléologie (f)*
preparations *préparatifs (mpl)*
present (gift) *cadeau (m)*
pull, to *tirer*
push, to *pousser*
put up a tent, to *dresser une tente*
put on make up, to *se maquiller*

quiet *tranquille*

rabbit *lapin (m)*
race *course (f)*
rain *pluie (f)*
rain, to *pleuvoir*
raincoat *imperméable (m)*
realise, to *se rendre compte*
re-appear, to *réapparaître*
reason; to be right *raison (f); avoir raison*
receive, to *recevoir*
recommended *conseillé*
record, to *enregistrer*
recording *enregistrement (m)*
regularly *régulièrement*
relax, to *se détendre*
remedy *remède (m)*
rent *location (f)*
rent, to *louer*
return (ticket) *aller-retour*
risk, to *risquer*
road safety *sécurité (f) routière*
rocket *fusée (f)*
roughly *à peu près*
row (aisle) *rangée (f)*
rub out, to *gommer*

salary *salaire (m)*
sand *sable (m)*
school pupil *collégien (m), élève (m/f)*
scientist *scientifique (m/f)*
score a goal, to *marquer un but*
seafood *fruits (mpl) de mer*
season *saison (f)*
sell, to *vendre*
shampoo *shampooing (m)*
shave, to *raser, se*
shine, to *briller*
shopkeeper *marchand (m)*
show, to *montrer*
sick, to feel *avoir mal au cœur*
side *côté (m)*
side by side *côte à côte*
significance *signification (f)*
size *grandeur (f)*
skilful *adroit*
skin *peau (f)*
sleeping bag *sac (m) de couchage*
sleep outdoors, to *coucher en plein air*
slice *tranche (f)*
smile, to *sourire*
smoke *fumée (f)*
snail *escargot (m)*
snore, to *ronfler*

snoring *ronflement (m)*
snowboard(ing) *snowboard (m)*
soap *savon (m)*
soap opera *feuilleton (m)*
something *quelque chose*
sometimes *quelquefois*
song *chanson (f)*
soon *bientôt*
sorry, to be *regretter*
space (outer) *espace (m)*
space (room) *place (f)*
species *espèce (f)*
speed *vitesse (f)*
spiky *épineux*
spinach *épinards (mpl)*
spoon *cuillère (f)*
star *étoile (f)*
state *état (m)*
stay *séjour (m)*
still *toujours*
sting, to *piquer*
stop (doing something), to *cesser*
storm *orage (m)*
strange *bizarre*
strawberry *fraise (f)*
stressed *stressé*
subject (at school) *matière (f)*
summit *sommet (m)*
sunbathe, to *se bronzer*

sunset *coucher (m) du soleil*
sweetcorn *maïs (m)*
swimming teacher *maître-nageur (m)*

take account of, to *prendre en compte*
take care of, to *soigner*
take part in, to *participer à*
take place, to *avoir lieu*
task *tâche (f)*
taste, to *déguster*
tell, to *raconter*
thin *mince*
thing *chose (f)*
thirsty, to be *avoir soif*
threat *menace (f)*
throat *gorge (f)*
throw, to *jeter*
together *ensemble*
towel *serviette (f)*
translate, to *traduire*
try, to *essayer*
TV programme *émission (f)*

UK *Royaume-Uni (m)*
umbrella *parapluie (m)*
unforgettable *inoubliable*
unfortunately *malheureusement*
usually *habituellement*

van *camionnette (f)*
varied *varié*
vegetable *légume (m)*
vegetable garden *potager (m)*
vehicle *véhicule (m)*
vet *vétérinaire (m/f)*
violin *violon (m)*

wait (for), to *attendre*
wake up, to *se réveiller*
walk *randonnée (f)*
walk, to *marcher*
walk, to go for a *se promener*
wallet *portefeuille (m)*
want to, to *avoir envie de*
wash (yourself), to *laver, se*
wash up, to *faire la vaisselle*
washing machine *lave-linge (m)*
well *puits (m)*
well known *renommé*
well, to go *se passer bien*
width *largeur (f)*
win, to *gagner*
windsurfing *planche (f) à voile*
world; everyone *monde (m); tout le monde*
worry, to *s'inquiéter*